财商养成

树立正确的金钱观

张明星 何春梅 编著

西南财经大学出版社

中国·成都

图书在版编目(CIP)数据

财商养成:树立正确的金钱观/张明星,何春梅编著.—成都:西南财经大学
出版社,2020.5
ISBN 978-7-5504-3927-6

Ⅰ.①财… Ⅱ.①张… ②何… Ⅲ.①财务管理—中小学—课外读物
Ⅳ.①G634.983

中国版本图书馆 CIP 数据核字(2020)第 069559 号

财商养成:树立正确的金钱观

张明星 何春梅 编著

总 策 划:李玉斗
策划编辑:王正好 何春梅
责任编辑:李才
助理编辑:肖翀
封面设计:摘星辰·Diou
责任印制:朱曼丽

出版发行	西南财经大学出版社(四川省成都市光华村街 55 号)
网　　址	http://www.bookcj.com
电子邮件	bookcj@foxmail.com
邮政编码	610074
电　　话	028-87353785
照　　排	四川胜翔数码印务设计有限公司
印　　刷	四川五洲彩印有限责任公司
成品尺寸	165mm×230mm
印　　张	9
字　　数	92 千字
版　　次	2020 年 5 月第 1 版
印　　次	2020 年 5 月第 1 次印刷
书　　号	ISBN 978-7-5504-3927-6
定　　价	48.00 元

前言　金钱观正确的孩子错不了

有一天，笔者在网上看到一段关于"谁最有钱？有多少钱算有钱？"的街头采访视频。视频里，一位记者随机采访了一群小学生。这些小学生给出的答案五花八门："总统，他一个月能赚几个亿！""校长最有钱，应该有一亿多吧。""爸爸最有钱，应该有3万元，他一个月赚100多元。"

这些天真稚气的回答让人忍俊不禁，同时也不由得让人担忧。现在的孩子对于金钱的概念竟然模糊到如此地步。无独有偶，我们在网上也看到过这样的新闻：9岁男孩看网络直播，趁父母不注意，打赏主播近3 000元；9岁"熊孩子"偷拿父母的信用卡，20天内挥霍近6万元。

且不论新闻里这些孩子的家庭是否富裕，发生这样荒唐的事情，所有父母都不愿意看到。家长如果没有引导孩子树立正确的金钱观，后果将不堪设想。上文提到的视频和网上新闻涉

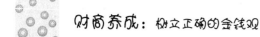

及的孩子几乎对金钱没有概念，也不知道父母赚钱不容易，更不知道该怎样合理地使用零花钱。在一部分孩子的眼里，钱就是一堆花花绿绿的纸，可以拿来换东西。长此以往，这些孩子对金钱的认知将会出现越来越大的偏差。

目前，中国大多数孩子的生活条件都比较宽裕，家长有能力让孩子衣食无忧，但"有钱花"不等于可以"随便花"。父母在自身经济条件许可的范围内为孩子提供好的物质生活条件是人之常情。但是，父母更应当注意引导孩子树立正确的金钱观，告诉他们：钱，来之不易，花钱要量力而行，很多有意义的东西是金钱买不来的。

大多数白手起家的企业家在培养子女的金钱观方面毫不吝惜时间与精力，总结他们的做法，大有裨益。

在编写本书的过程中，笔者做了以下尝试：

在案例选择方面，笔者精选了抗疫专家钟南山的故事，"天眼之父"南仁东的故事，"诗词大家"叶嘉莹的故事，以及关注度很高的、充满正能量的霍启刚、郭晶晶夫妻的事例。我们在努力给读者呈现具有现实意义的案例的同时，也更加注重引导读者关注中国真正的脊梁，希望在给孩子树立正确金钱观的同时，播撒向上、向善的种子。

在思维引导方面，本书将金钱观拆解为赚钱观、消费观、储蓄观、理财观和投资观，在注重理念梳理的同时，还注重创新思维和创业思维的融入。

在体例安排方面，本书根据内容设置了小测试和小游戏，方便读者参与互动。本书与读者探讨了什么是正确的金钱观，什么时候可以开始引导和培养孩子的金钱观，怎样以讲故事的方式来培养孩子正确的金钱观，如何言传身教地帮助孩子树立正确的金钱观等问题。

由于笔者水平有限，书中难免存在不当之处和疏漏，望各位读者提出宝贵意见，期待和各位读者共同思考和探讨适合中国家庭的金钱观教育。

张明星　何春梅

2020 年 4 月 30 日于成都

目　录

第一部分　"金钱"和"金钱观"

第二部分 金钱观的"对错"之分

第三部分　名言里的金钱观

第四部分　名人的金钱观

4

第五部分　言传身教，多维度培养正确的金钱观

5

第一部分

"金钱"

和"金钱观"

金钱天然不是货币，但货币天然是金钱。

货币，不仅是市场上的一般等价物，还是人类文明发展史中各个阶段的里程碑。

货币是国家政权的重要组成部分，是国家主权和国家信用的象征。

一 金钱的起源

甜点小故事

3

　　很久以前，有一对兄弟，他们生活在大海边的渔村里。有一天，兄弟俩在海边捡贝壳玩。他俩捡了满满一篓，大都是白色的，只有一个是红色的，在阳光下闪闪发光。

　　兄弟俩很开心，拿起篓子往家走。

　　回家的路上，他俩遇到一个农民，农民有一条结实的绳子。哥哥很喜欢，就对农民说："我用闪光的红贝壳换你的绳子，好不好？"农民看了看红贝壳，说："好呀。"

　　兄弟俩拿起绳子，继续向前走，又遇到一个猎人，猎人有一只漂亮的小鸟。哥哥很喜欢，就对猎人说："我用这条绳子换你的小鸟，好不好？"猎人看了看绳子，说："好呀。"

　　兄弟俩带着小鸟上了路，遇到一个商人，商人有一块明晃晃的银子。哥哥很喜欢，就对商人说："我用小鸟换你的银子，好不好？"商人看了看，说："好呀。"

兄弟俩拿着明晃晃的银子，走了没多远，遇到一个老爷爷，老爷爷有一个香喷喷的芝麻烧饼。兄弟俩走了这么久，肚子饿得咕咕叫。于是，哥哥对老爷爷说："我用银子换你的烧饼，好不好？"老爷爷看了看银子，说："好呀。"哥哥拿过香喷喷的烧饼，分了一半给弟弟，两人开心地吃起来。

4

☆第一阶段：以物易物

这一阶段是实物货币阶段。在这一阶段，人类处于原始社会，因为没有统一的文化、统一的度量衡，部落和部落之间的交易方式主要为以物易物，如甲用石器换乙的猎物。

☆第二阶段：以一般等价物为媒介的物物交换

虽然物物交换极大地丰富了人们的生活，但在交易过程中却存在物品价值计算复杂、交易过程容易产生纠纷等诸多弊端。在经过无数次的物物交换后，人们发现，如果先把自己手中的商品换成一种大家都接受的商品，再拿这种商品去交换自己所需的另一种商品，这样的交易方式就更省时省力，同时也解决了直接物物交换中会遇到的各种麻烦。

在人类历史上，充当一般等价物的商品有很多种。比如在古代埃及，镰刀就曾经充当过一般等价物；在古代中国，贝壳、玉、刀、兽皮、牛、马等，都充当过一般等价物。

☆第三阶段：金属货币的产生

物物交换中存在的价值尺度缺乏、流通困难等问题直接导致了金属货币的诞生。货币的诞生是人类走向文明的一个重要标志，是人类经济生活由原始、单一、封闭、萧条，走向文明、丰富、开放、繁荣的起点。

金属材料在人类生活中发挥着重要作用。金属货币在经济发展进程中也具有举足轻重的作用。

其实，金钱本质上是一种交换的中介物，它随着商品生产与商品交换的出现而出现。由于各个历史时期的具体情况不同，货币的形式也各不相同。

☆第四阶段：纸币的产生

纸币的出现要晚于铜币和铁币。纸币一般由国家授权的中央银行发行，并以国家的信用为背书。纸币本身没有价值，其本质上是一种信用货币，但是纸币的产生促进了商品的流通和贸易的发展。

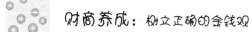
我国在唐代出现了"飞钱"。飞钱也叫"便钱""便换"。中唐时期，钱币短缺，各地禁止铜钱外流。于是，长安的一些商人便把货币送到本道（道，唐代行政区划）驻扎在长安的进奏院（驻京办），进奏院会为商人开具一张票券，上面写清楚金额、日期、姓名等项目，并分成两半，一半交给商人，一半寄回当地。商人回到当地后，便可以拿着手里的半张凭证去指定的部门兑钱，只要两张票券能够吻合，就可以兑出钱来。"飞钱"由此诞生。"飞钱"相当于现代的"汇票"，虽然不是真正的纸币，却是纸币的雏形。

宋代的成都地区曾流通过"交子"。交子最初由民间的一些小商家自行印发。为了消除交子私自发行的弊端，宋朝官府开始整顿交子市场。"富民十六户主之"，也就是经过官府批准的成都十六户富商联合设立交子铺。交子上有图案、密码、图章等印记，金额根据领用人所交现款临时填写，既可以和"飞钱"一样用于兑换现钱，又可以直接用于流通。

现代纸币不同于历史上的任何一种货币。它是一种价值符号，代替货币执行流通职能和支付职能。纸币的广泛使用标志着生产与流通的扩大。

☆第五阶段：记账货币的产生

记账货币又称为电子货币。随着互联网的发展，人们使用的货币从纸币过渡到记账货币，比如发工资只是在银行卡账户上做数字的加法，消费只是做减法。整个过程中都是银行在记账，且只有银行有记账权。当我们将纸币存入银行时，银行会给我们建立一个账户，并在账户上将存入的钱记成收入；当我们转账或消费时，银行会在账户上给我们记成支出，给另一方记成收入。在整个过程中，只是账户上的数据发生改变，而并不需要纸币参与实际的交换过程。

记账货币自产生以来，应用越来越广泛。作为一种无形的货币，它贮存在以银行为中心的电子计算机网络中。电子货币发挥支付职能的一个特点，是将消费者信用、商业信用和银行信用融为一体，可以说电子货币的普及有利于社会道德水平的提高。

☆第六阶段：以区块链技术为基础的数字加密货币的产生

2009 年，第一枚数字加密货币"比特币"诞生了，它的底层技术被称为"区块链"。数字加密货币实际上是通过区块链技术来维护的一个公开透明的超级账本，通过技术手段解决人与人之间的信任问题，而不是依靠中央机构。

数字人民币是由中国人民银行发行的数字形式的法定货币，由指定运营机构参与运营并向公众兑换，以广义账户体系为基础，与纸币和硬币等价，具有价值特征和法偿性，支持可控匿名。

二 什么是金钱观？

甜点小故事

8

梁启超是中国近代的思想家、政治家、教育家、文学家、史学家。他对金钱有着异于常人的认识。

一是他非常有商业头脑。辛亥革命时期，新闻业是回报甚丰的"新兴产业"。1898 年秋，康有为、梁启超向海外华侨集资创办广智书局。梁启超以提供文稿为"技术股"，占 1/3 股份。仅 1902—1903 年，他就获红利上万银圆。

1912 年，他又在天津创办了当时最为流行的半月刊《庸言》。在第一次出版时，他先印发了 1 万册，很快就售罄了。还有很多人没有买到，于是他又赶着加印了一批。后来，梁启超在给朋友的信中表示，这期半月刊的销量在 2 万册以上。

二是他很有投资的意识。他用自己积累的资本去投资，成为各大公司的股东。在他看来，如果将金钱放在家里，不如想办法将这些钱用起来，发挥最大的效用。

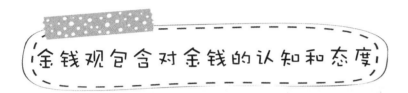

金钱观包含对金钱的认知和态度

1. 金钱观是"三观"的折射

金钱观是指对金钱的根本看法和态度，它是和人生观紧密相连的。在了解什么是正确的金钱观之前，我们应该先知道金钱是什么，通过对金钱的了解形成属于自己的正确的金钱观。

对待金钱的态度是一个人的世界观、人生观、价值观的体现。金钱观属于物质观，也可以说是人类对物质世界的一种认识。

我们可以从三个方面对金钱观进行更进一步的认识：对金钱价值的理解、获取金钱的手段和使用金钱的方式。

（1）金钱的价值

金钱的本质是一般等价物，是社会生产、分配、交换等经济活动的体现形式。这个世界本没有钱，有的只是资源。我们消费的一切，其实都是地球上的资源，而不是钱。钱是你自己的，资源是社会的，不管你钱多钱少，都应该节约社会资源，因为它是有限的，是我们赖以生存和发展的基础。

（2）金钱的获取

金钱的获取方式多种多样——可以通过生产商品或者交换商品赚钱，可以通过提供服务赚钱，还可以通过理财投资等赚钱。但无论以哪种方式获取金钱，都必须是合法的。

（3）金钱的使用

金钱在使用中产生价值，我们要学会合理、有效地使用金钱。比方说用投资理财的方式让钱生钱，把人从辛苦的体力劳动中解放出来；用钱创业，实现自己的理想和梦想；用产品和科技来服务和造福人类；还可以把钱用于资助贫困山区的孩子上学，帮助他们获得更多的教育资源，为社会做更多的贡献等。

家长可以试着告诉孩子：金钱是爸爸妈妈付出了脑力或体力劳动以后获得的报酬，是爸爸妈妈的劳动成果。

钱有价值尺度的功能。这种功能体现在等价交换上，比如我们用它换取零食、玩具，用它支付看病、旅行的费用等。金钱作为一种交换的中介，能帮助我们获得更多资源，得到自己想要或需要的东西。

2. 正确理解金钱的本质和功能

金钱本身是没有实际价值的，你用钱来做什么，决定了钱最终的意义。

例如，你可以用钱投资自己，获取知识提升自己；你也可以用钱参与各种有益于身心健康的活动，让自己体验到快乐；

你还可以用钱帮助他人，让他人体验到快乐。即使没有足够的钱，你也可以选择通过其他的方式追求自己的梦想，这个过程同样是充实而快乐的。

三 金钱观包含哪些"观"？

甜点小故事

在某个城市里有一个富商，他有一生也用不完的钱。富商非常心疼自己的三个儿子，因为害怕他们受伤，所以他整天让他们待在家里，并给他们买了许多昂贵的玩具，可孩子们总是郁郁寡欢。

一天，见外面有孩子在捉蜻蜓，三个儿子就对富商说："爸爸，我们也想去捉蜻蜓！"

不一会儿，大儿子回来了，他激动地蹦跳着对爸爸说："爸爸！爸爸！我用玩具飞机换了一只美丽的蜻蜓！你看，这只蜻蜓的尾部是绿色的呢，好漂亮啊！"

过了一会儿，二儿子大汗淋漓地跑回来，满脸兴奋地说："爸爸！爸爸！我用遥控汽车换了一只漂亮的蜻蜓，会飞的蜻蜓呢！"

又过了一会儿，小儿子也回来了。他虽然两手空空，但十分开心，两眼亮晶晶的。他说："爸爸，我在广场上跑了很久，虽然连一只蜻蜓也没有捉住，但广场上有好多小伙伴，我们一起追着蜻蜓跑，特别开心！"

富商欣慰地摸摸儿子们的头，说："我原来以为给你们买玩具，你们就会快乐。现在我明白了，快乐和钱没有太大关系。你们获得和感受的快乐应该让你们自己去寻找快乐，这才是最重要的！"

金钱观的组成部分

13

1. 赚钱观

（1）赚钱的心理分析与正确理念

社会上有一些人对赚钱存在不健康的心理：一部分人贪得无厌，总想一夜暴富，只关注与挣钱相关的事情；还有一部分人完全视金钱为粪土，鄙视或仇视金钱；等等。

①赚钱是一个过程，不是一个结果

你可以上各大招聘网站搜一搜，看看招聘公司有没有"赚钱"这个岗位。如果一家公司的目标只是赚钱，那大概率是赚不到钱的。

事实上，钱是通过价值交换获得的。一家公司要赚钱，就要为社会提供价值。这个道理，在个人层面也适用，不要每天挖空心思想着怎么赚钱，先问问自己有没有价值提供给别人。同理，当你把注意力集中到提升自身价值的时候，你就会变得越来越值钱，你获得的财富也就水到渠成地越来越多。

②赚钱不是最终目的，而是实现目标的一种手段

社会上有一部分人把财富积累作为人生目标。赚钱或存钱本身没错，物质上的富有可以帮助个人和社会获得更多的资源和机会。

不过，金钱本身并没有价值，物质本身也并不能给人们带来精神上的财富。诺贝尔经济学奖得主丹尼尔·卡尼曼在研究幸福的过程中也没有找到幸福和财富之间的必然联系。相关研究显示，许多人在变得富有之后获得的快乐，并不比在努力致富的过程中获得的更多。

赚钱只是手段，幸福才是目的。这说起来简单，做起来却很难。很多人本末倒置，为了赚钱把自己弄得身心疲惫，没有一点幸福感。

经济学家保罗·萨缪尔森曾提出一个幸福公式：幸福＝效用/欲望。这个公式告诉我们，幸福感是现实的生活状态与心理期望状态的一种比较，两者的落差越大，幸福感越低。

赚钱只是人们提升幸福感的手段和途径，如果只注重物质财富的获得和积累，那么财富终将变成人们获得幸福的障碍。

现代社会，当我们衡量商业方面的成就时，大部分人会将金

14

钱作为其中一个重要标准。但一家真正伟大的企业，带给人们生活的改善和对社会的贡献，才是人们信赖及支持其品牌的根基。一个人的生活，也像他的事业一样，起起伏伏，有盈利也有亏损，但衡量人生成就的标准，不是金钱，也不是名望或权力，而应该是幸福。

当然，并不是说赚钱是错误的，物质上的富有毫无疑问可以带给人们更多的便利，相对的富足能让我们在选择上拥有更多的自由和可能性，而适度、合理的赚钱欲望往往也能给人增加积极生活的动力。但物质财富本身并不能为生命增加意义。

在做一些重要判断时，人们习惯性地先考虑物质，这主要是因为物质能够量化、易于计算，而情感或意义却难以衡量。一个值得思考的现象是，在我们不断积累物质财富的同时，我们的终极财富——幸福，却面临着"破产"的危机。幸福并不是用钱就能买到的奢侈品，幸福感也不一定是物质带来的。能持续发现和体味生活中的美好才是幸福感源源不断、生生不息的源泉。

（2）赚钱思维小故事

①危机是转机的开始

一名时装店老板在抽烟时不小心将一条高档裙子烧了一个小洞，这条裙子一下子变得无人问津。按照某些生意人的常规思维，他们会请一名技艺高超的缝纫师傅将洞补上，试图蒙混过关。但这位老板却反其道而行之，他在小洞的周围又故意剪了许多洞，饰以金色边纹，并为其取名"凤尾裙"。结果，这条裙子不仅卖出了高价，还掀起了一股时尚潮流。

②差异化

在日本东京，一个叫森元二郎的人经营了一家咖啡店，店内的一杯咖啡能卖到 5 000 日元（当时约等于 400 多元人民币）。

消息传开后，很多人无法相信，认为这不过是噱头而已。可事实并非如此，这杯咖啡的成本确实高昂：装咖啡的杯子由法国制造、空运而来，极为名贵，价格高达 4 000 日元/个；咖啡师因为水平高于同行，所以工资很高；咖啡用料独特，因此原料费很高；该店的装潢如宫殿般豪华，服务员都穿着讲究，成本自然也很高。

这家咖啡店开张后，顾客出于好奇，蜂拥而至。这些好奇的顾客来过一次后，都会对该店留下深刻印象，下次还会光临。也许有人会问，5 000 日元一杯的咖啡，经常去喝岂不是要把自己喝破产？其实，这正是奥妙所在。5 000 日元一杯的咖啡只是一个卖点，店内还有许多品质普通、价格适中的咖啡以及其他饮料，这些也是该店的收入来源。

有些生意看上去是在亏本，但实际上并未亏本，或者说亏的只是有形的、短暂的、局部的收益，而得到的却是无形的、长久的、整体的财富。

③变则通

据说在 20 世纪 30 年代的上海滩，英美香烟霸占市场。当时，在市场上有些许地位和声望的国产香烟是南洋兄弟烟草公司生产的"美丽"牌香烟。

那时，用霓虹灯管招牌做广告是件新鲜事，很吸引人们的目光。有一天，在上海闹市的夜空中，出现了一幅巨型霓虹灯管招牌，上面只有四个大字：美丽烟香。人们看见后纷纷感叹：这是怎么搞的？"美丽香烟"四个字竟也能安装错！

南洋兄弟烟草公司的老板得知消息后，非常恼怒，立刻赶到现场看个究竟。一到现场，"美丽烟香"四个耀眼的霓虹灯管字赫然在目，周围的过路人都纷纷驻足观看评论。这位老板见状，却转怒为喜了——尽管广告出了错，却更加吸引人们的注意。这一错误将一个纯粹的宣传广告变成了富有美好意义的广告，提高了产品知名度，错得好！于是，老板便任其继续保留，没有做丝毫改正。结果，"美丽烟香"的广告语一时间广为流传，香烟的销售量也随之大增。

有句名言："世上没有废物，只有放错地方的资源。"世间一切事物都有可用之处，错误也不例外，关键看你能不能在思维上转过弯来。

④舍小利，才能谋大利

马戏团有一名工作人员，他负责在马戏场内兜售小食品。但是每次看戏的人不多，小食品根本卖不掉。他想：如果送每一位买票的观众一小包花生，也许就能吸引更多的观众。为了让老板同意，他拿工资做担保，赔钱就从工资里扣，赚钱就和老板对半分。

于是，每到有演出时，他就在售票窗口叫卖："看马戏免费

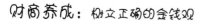

送花生！"观众看到有利可图，自然愿意买票，票卖得也就比平时多了。待观众进场后，他又开始卖饮料。因为吃多了花生，观众很快就口渴了，于是饮料生意也越来越好。舍小利，得大利；你先舍，顾客得到了实惠，高兴了，信任你了，就会长久地到你这里来消费。这看似吃了亏，实则赢得了更长远的利益。

⑤统筹考虑

有一个鱼塘，钓鱼费用是 100 元，并且鱼塘老板承诺，如果钓不到鱼，就送一只鸡。眼下钓鱼爱好者很多，这种鱼塘自然是受欢迎的，就算钓不到鱼也能感受垂钓的乐趣，况且还能得到鸡，反正不会吃亏。所以，这个鱼塘的生意很好，每天都能吸引不少钓鱼爱好者。

事实上，这个鱼塘里本身并没有太多鱼，而且鱼塘老板每天都会把鱼喂得饱饱的，这样一来，钓到鱼的可能性自然就比较小。其实，鱼塘老板的另一个身份是养鸡专业户，他开办鱼塘，是因为鸡不好销售。

⑥管道思维

几百年前，意大利的某个村庄里有两个年轻人，一个叫布鲁诺，一个叫柏波罗，他们最开始都靠卖山泉水来赚钱，每天往返于山泉与村庄之间。时间久了，柏波罗产生了新的想法，他决定建一条从山泉到村庄的管道，把水直接引到村庄的池子里来出售。他本来是想和布鲁诺一起干，但却被布鲁诺拒绝了，因为布鲁诺觉得这项工程耗时太久，也太费力，还不如赚现成的钱，这已足够自己眼下的生活。此后，柏波罗便开始在业余时间挖这条管道，而布鲁诺依然如故。等到柏波罗的管道建成时，他和布鲁诺的年纪都不算小了，再干提水卖水的活，便越来越吃力。而此时的柏波罗完全可以靠管道引进的水轻松赚钱，而布鲁诺却快要被沉重的提水工作压垮了。

⑦微小的改变

美国佛罗里达州有个画家叫李普曼，他的生活相当贫困，所用的画具都已破旧不堪。然而，他并没有放弃对艺术的追求，仍然坚持每天作画，常常从夜里画到天亮。

有一天，李普曼正专心致志地画一幅素描。他仅有的一支铅笔已经削得很短很短了，而他必须用这支铅笔把画作完。画着画着，他发现画面要修改，于是，他放下笔，在零乱的工作室里寻找他仅有的一块黄豆大小的橡皮擦。他找到橡皮擦并把需要修改的地方擦干净后，发现铅笔失踪了。他找到这个，又丢了那个，找来找去，耽误了不少时间。

一气之下，他决定把橡皮擦和找到的笔头绑在一起，叫它俩谁也跑不掉！于是他找来一根丝线，把橡皮擦绑在铅笔的顶端，这样，铅笔变长了，用起来也方便多了。可是，没用几下，橡皮擦掉了下来。于是，他下定决心，一定要把这块"淘气"的橡皮擦牢牢地固定在铅笔上。

几天后，李普曼终于想出了一种妥善的方法。他剪下一块薄铁片，把橡皮擦和铅笔末端包起来，再压上两道浅槽，这样一来，两者就连接得很紧了，使用时再也不会掉了，给绘画带来很大方便。

这件看来微不足道的事情却给李普曼带来了商机。他想：今后生产的铅笔如果都能带橡皮擦，定会受到画家和学生的欢迎。他越想越觉得此事可行，应该为这一"创造"申请专利。

于是，李普曼向亲戚借来几十美元到专利局办理手续，很快得到确认。不久之后，雷巴铅笔公司买断了这项专利。李普曼一下获得了 55 万美元的专利费。

成功者之所以成功，很多时候恰恰就在于他们能从一些非常细微的地方，发现或者研究出令人耳目一新的东西。

故事读完了，家长可以带孩子去超市，看看孩子会选择什么样的商品。

可以通过孩子的选择，来了解他们的财商处于哪个发展阶段。

财商的第一个发展阶段：能够区分自己想要和需要的东西。

财商的第二个发展阶段：有短期和长期的计划，能区分同质化资源，具有风险控制意识。

在对孩子的财商特点有所了解之后，家长就可以判断出孩子的财商类型，从而有针对性地对孩子进行引导和教育。

2. 消费观

（1）与消费有关的经济学术语

①棘轮效应

人的消费习惯形成后具有不可逆性，即易于向上调整，而难于向下调整，尤其是短期内的消费，习惯效应较明显。习惯效应使消费取决于相对收入，即相对于自己过去的高峰收入。消费者易于随收入的提高而增加消费，但不易于随收入降低而减少消费。这种习惯效应被称为"棘轮效应"，也可以理解为"由俭入奢易，由奢入俭难"。

②虚荣效应

虚荣效应是指消费者想拥有只有少数人才能享用的或独一无二的商品的偏好。

（2）消费心理分析

①从众心理引发的消费

人们跟风、随大流的心理，往往能够引发对某类商品或某种潮流的追求，并形成流行趋势。商家常常利用消费者从众、追赶潮流的心理来推销自己的商品。消费是否应该从众，要进行具体分析，但盲目从众是不可取的。

②求异心理引发的消费

有些人消费时喜欢追求与众不同、标新立异。这种消费有时可以推动新工艺和新产品的出现，但展示个性要考虑社会的认可和自己将会付出的代价。为显示与众不同而过分标新立异，是不值得提倡的。

③攀比心理引发的消费

一些人不满足于拥有普通的手机、电脑等"现代化装备"，而是不断地追求更新、更高端的产品。还有个别人受攀比心理

21

的影响，饮食消费向广告看齐，服装消费向名牌看齐，没有养成勤俭节约的好习惯，长此以往，他们的成长会受到消极影响。

④求实心理主导的消费

消费者在选择商品的时候，往往要考虑很多因素，如价格是否便宜，质量是否良好，服务是否到位，功能是否齐全，操作是否简便，等等。讲究实惠，根据自己的需要选择商品，是一种理智的消费行为。

（3）做理性、聪明的消费者

只有把格局放大一点，对生活需求全盘考虑，从消费目的出发，并在生活中不断进行实践和调整，才能产生正确的消费观。要想具有正确的消费观，就要遵守以下四个原则。

①量入为出

量入为出的意思是一定要根据自己的收入来规划支出。虽然当下涌现出很多诸如信用卡、消费贷之类的刺激超前消费的金融产品，但超前消费的背后也有一定的风险和隐患，因此我们在消费时一定要学会控制风险。天下没有免费的午餐，每一个超前消费的诱惑背后，都可能是欲望的深渊。保持清醒，量力而行，提升在力所能及的范围内制造幸福感的能力，才是真正值得推崇的。

②不买不需要的东西

如果乱花钱，购买太多不需要的东西，久而久之就会养成不知节制、大手大脚的坏习惯。

③注重消费的目的性

无目的消费似乎已经成为当下一部分年轻人的消费特征。从某种意义上讲，浪费就是无目的消费的后果。如果你的衣柜里有很多衣服，但是经常穿的只有那几件，大多数衣服买回来穿上一两次就丢在一边，我们基本就可以认定你在买衣服的时候目的不明确，盲目消费。这既不利于年轻人的成长和身心健康，又不利于养成勤俭朴素的生活作风，是万万不可取的。

④保护环境，绿色消费

绿色消费是指以保护消费者健康和节约资源为宗旨，符合人类健康和环境保护标准的各种消费行为的总称，其核心是可持续性消费。国家为此制定了相关政策，如 2020 年 3 月，将新能源汽车购置补贴和免征购置税政策延长两年。

23

在日常生活中，我们可以多践行绿色消费的理念。如以耐用的物品代替一次性物品；积极配合垃圾分类，坚持垃圾回收利用，将废品变成二次资源；随手关灯，节约用纸，不选择包装过度的产品，多选择节能环保的家庭用品；等等。

3. 投资与理财观

（1）投资与理财心理

让我们先来一起了解这些耳熟能详的与投资理财密切相关的经济学术语吧。

蝴蝶效应

20 世纪 70 年代，一位名叫洛伦兹的美国气象学家在解释空气系统理论时说，亚马孙热带雨林的一只蝴蝶偶尔振动翅膀，也许两周后就会引起美国得克萨斯州的一场龙卷风。

蝴蝶效应表明，初始条件下微小的变化经过不断放大，可能会对未来造成巨大的影响。在经济全球化的今天，面对复杂变化的经济形势，任何一种投资都要做到防微杜渐，要警惕看似微不足道的事情。

鳄鱼法则

如果一只鳄鱼咬住你的脚，你试图用手去抽出你的脚，鳄鱼便会同时咬住你的脚与手。你越挣扎，就会被咬得越紧。所以，万一鳄鱼咬住你的脚，你唯一的办法就是牺牲这只脚。

譬如在股市中，对应的鳄鱼法则就是：当你发现自己的交易背离了市场的方向，就必须立即止损，不要有任何延误，也不要存有任何侥幸心理。如果你一直抱有侥幸心理，就很可能血本无归。

羊群效应

羊群是一种很散乱的组织，当羊聚在一起时，常常盲目地左冲右撞，而一旦有一只领头羊跑起来，其他的羊便会不假思索地跟着跑，全然不顾前面可能有狼或者不远处有更好的草。

"羊群效应"常用来比喻人的一种从众心理。在交易过程中，从众心理很容易导致盲从，而盲从往往会使人陷入骗局或遭到失败。

二八定律

19世纪末20世纪初，意大利经济学家巴莱多认为，在任何一组事物中，最重要的只占其中一小部分，约为 20%，其余 80% 都是次要的。约 80% 的社会财富集中在约 20% 的人手里，而约 80% 的人只拥有约 20% 的社会财富。这种不平衡在生活和经济中无处不在，这就是 "二八定律"。

二八定律告诉我们，不要平均地分析和处理问题。企业在经营和管理中要抓住关键的少数，加强服务，达到事半功倍的效果；企业领导人要认真对工作进行分类和分析，要把主要精力花在解决主要问题、抓主要项目上。

破窗理论

如果一栋房子的窗户破了，没有人去修补，不久之后，其他的窗户也会莫名其妙地被人打破；如果一面墙上的涂鸦没有被清洗掉，很快地，墙上就会出现更多的涂鸦。

25

"破窗理论" 体现的是细节对人的暗示作用，以及细节对事件结果的重要作用。事实证明，破窗理论也确实能够指导我们的生活和投资活动。

木桶效应

组成木桶的木板如果长短不齐，那么木桶的盛水量不是取决于最长的那一块木板，而是取决于最短的那一块木板。

因此，无论你拥有多少资产，适当的资产配置都是必要的。长期投资的盈亏关键在于资产配置，而资产配置一定要补足投资组合的 "短板"，这样才能发挥最大的作用。

（2）投资与理财思维培养

投资理财的前提是储蓄

储蓄的重要性在于能够应急，能够不为短期目标而放弃长期规划，实现相对的选择自由，且自由程度取决于资金的充裕程度。要想理财，用钱生钱，首先得存一笔钱。对于普通人来说，第一桶金就是你的储蓄。储蓄除了作为本金的功能之外，还有一重意义，就是它作为一种习惯，能够让你感受到金钱的积累过程，以此培养良好的消费习惯。更重要的是，储蓄会让你学会一种投资理念——永远不要损失你的本金。

预留出投资自己的钱

巴菲特曾在接受采访的时候说，最好的投资，是投资自己。

很多人也认同这样的观点，但什么样的投资，才是真正能够让你持续有所收获进而迸发出更多力量的投资呢？

比如说，给自己买好看的衣服、经典的书籍，都是投资自己的一种方式。得体的着装能够表现出自身的修养和审美情趣，广博的知识能让你更有自信，充满智慧。

复利思维

爱因斯坦曾说，复利是人类的第八大奇迹，它的威力远大于原子弹。

生活中的很多事情都是具有复利效应的。比如知识的复利、健康的复利、人脉的复利、财富的复利等。复利的核心是坚持。

我们来看一个人脉复利的例子。

西汉军事家韩信小时候因为家贫，常去别人家讨饭吃。有一次，饿坏了的韩信遇到一位正在河边洗衣服的老大娘，老大娘看韩信可怜，就拿食物给他吃。韩信很感激那位老大娘，对老大娘说："等我以后有了钱，一定回来报答您！"许多年以后，韩信当了将军，他回到家乡，第一时间就去看望老大娘，并送给她一盘金子。

这就是人脉复利的体现。有时候，你不经意的利他行为，对于对方来说可能是救命之恩。许多年后，这份恩情在回报的时候会被无限放大，即使我们在帮助别人的时候并不是为了得到报答。

所谓复利思维，其本质就是：做事情 A 会导致结果 B，而结果 B 又会反过来加强 A，不断循环往复。

我们再来看一个知识复利的故事。

雷海为，一个外卖小哥，在 2018 年的《中国诗词大会》上击败北大硕士，成为年度冠军。

外卖小哥背后的辛酸，是常人无法想象的。记者问雷海为："你每天的作息时间是怎样的呢？有没有时间学习诗词呢？"雷海为说："不管工作和生活多么忙碌，时间挤一挤总是有的。送外卖的过程中其实有很多碎片时间，比如等待取餐的时间、等待红灯的时间，这些时间都可以拿来背诗。每天下午两点半到四点半这段时间，我回到住处换过电瓶，吃过午饭，有一个多小时的时间可以休息。这个时间相对充足，可以坐下来好好读几首诗词。"

如果好好将等餐、等红灯、回到住处休息的时间加以利用，就能学习很多诗词。正是通过这日积月累的"一小时阅读"，一个外卖小哥击败了一名北大硕士。这就是知识复利的力量。

时为《中国诗词大会》主持人的董卿说："你在读书上花的任何时间，都会在某一时刻给你回报。"

所谓知识复利，就是新知识不断成为下一次思考素材的积累，从而让知识能够不断以"复利"的速度快速迭代。

同样的道理，健康也存在复利效应。假如你每天坚持锻炼，也许一天两天，你的身体并不会变得多么强壮，但几年之后，你就会感觉到体质有所增强。

我们再来看看财富复利。

"股神"巴菲特一生中99%的财富，都是在他50岁之后获得的。也就是说，50岁之前，他只是中产阶级的一员，50岁之后，他的财富进入"爆炸期"。

关于财富积累，巴菲特在其2006年写给股东的信中，举了一个例子：

从1900年1月1日到1999年12月31日，道琼斯指数从65.73点上涨到11 497.12点，增长了约174倍。那它的年复合增长率是多少呢？答案让人大跌眼镜，仅为5.3%。

这个增长率意味着，如果你有10万元，每年能得到的利息仅为5 300元。能以如此低的利息率取得成功，是因为巴菲特数十年的坚持。

鱼竿比鱼更重要

一位老人正在河边钓鱼，一个在河边闲逛的青年人看到后跑过来凑热闹，有一搭没一搭地和老人聊天。没过多久，老人将自己的鱼篓装满了。他觉得自己和这个青年人挺投缘，于是就想将钓到的整篓鱼都送给他，哪知道青年人却拒绝了。老人好奇地问："你为什么不要呢？"青年人回答："我更想要您手中的鱼竿。"老人追问原因，青年人说："你那一篓鱼我很快就会吃完的，但如果我有鱼竿的话，就可以自己钓鱼，那就不愁以后吃不到鱼了。"老人想了想，便痛快地把鱼竿送给了青年人。

树立风险意识

投资是有风险的。低风险的投资品种，如银行定期存款、国债等，难以产生高回报率；高风险的投资品种，如股票、实业项目投资等，虽有产生高回报的可能，但也有可能导致本金的亏损。我们应该自觉抵制过高投资回报率的诱惑，警惕具有过高投资、回报率的项目，学会理性判断高回报背后隐藏的风险。

29

不要把鸡蛋放在一个篮子里

诺贝尔经济学奖得主詹姆斯·托宾说："鸡蛋不要放在一个篮子里。"这句话其实还有下半句——"但是，也不要放在太多的篮子里"。

"鸡蛋不要放在一个篮子里"是主张通过分散投资，利用不同资产间的风险差异降低整体风险。"不要放在太多的篮子里"是说，真正的分散投资是从投资平台、产品类型、投资期限、预期收益等多方面去做分散投资。

第二部分

金钱观的
"对错"之分

孩子如果没有从小树立正确的金钱观，长大后，就会对金钱、财富等患得患失，从而忽视那些能给他们的人生带来真正幸福的东西——爱、亲情、友情、梦想、兴趣、品格……

一个人对金钱的态度，会影响其一生的幸福感。

一　什么样的金钱观是正确的？

1923 年，鲁迅应邀为北京女子高等师范学校文艺会做演讲。在演讲中，鲁迅讲了这样一段话：

钱是要紧的。钱这个字很难听，或者要被高尚的君子们所非笑，但我觉得钱——高雅地说吧，就是经济，是最要紧的了。自由固不是钱所能买到的，但能够为钱所卖掉。为准备不做傀儡起见，在目下的社会里，经济权就见得最要紧了。

据说鲁迅先生对每笔收入和支出都有记载，这一习惯从他的日记、家用账以及书账中可以看出。1928 年，北新书局克扣鲁迅版税，为此他专门请来律师为自己追回被扣压的版税。

正确的金钱观有哪些？

1. 正确理解金钱

①从产生看：货币是商品交换的产物。

②从本质看：货币是固定的充当一般等价物的商品，其本质是价值交换。当你认识到钱是用来交换的工具时，那么最重要的就不是钱本身，而是你想要用钱来交换什么。

归根到底，我们要在交换中让自己获得更多的效用，更开心、更快乐、更富足、更有成就感。

③从职能看：货币具有价值尺度、流通手段两种基本职能。

④从重要性看：在一定意义上，货币是财富的象征。生产、分配、消费等各种经济活动都离不开货币。

金钱虽然有用，但它买不了两样东西——爱和时间。金钱可以带来很多有趣的体验、换来很多有趣的东西，但拥有这些不见得会更快乐。金钱无法买来爱，无法买来时间，如果家长试图使用金钱来"照顾"孩子，而不是花足够的时间来陪伴孩子成长，结果可能是毁灭性的。

2. 正确理解金钱的获取与使用

对金钱要取之有道，用之有益，用之有度。

取之有道指的是要通过正当手段赚钱，靠诚实劳动和合法经营致富。

用之有益指的是要把钱用到有利于国家、有利于社会、有利于他人同时也有利于自己的地方。

用之有度指的是花钱要有所节制，要分清轻重缓急。

幸福美好的生活不是从天而降的，而是要靠艰苦奋斗、勤俭节约来创造。

3. 正确理解金钱与幸福的关系

能让人获得幸福的并不一定是金钱。给孩子灌输"没钱就不会幸福"的观念只会误导孩子。

35

幸福与金钱相关，但并不由金钱决定。

相关研究表明，金钱增多，幸福感会逐步提升，但如果金钱太多，就会对幸福感产生反作用。

这其中的部分关系可以用马斯洛的需求金字塔来解释。随着金钱的增多，马斯洛需求金字塔的底层需求——生理需求、安全需求、社交需求和部分尊重需求逐步被满足，幸福感得以提升。当收入能够满足生活所需后，由于部分尊重需求和自我实现需求与金钱的相关性不高，金钱的增多与幸福感的相关性就会减弱。

下面，笔者分享几则有关金钱和幸福的名言。

人生的快乐和幸福不在金钱，不在爱情，而在真理。

——契诃夫

人生中最美好的东西是不要钱的。

——克利福德·奥德茨

在消除贫困的时候，我们会拥有自己的财富，而拥有这笔财富，我们却会失去多少善心、多少美和多少力量啊！

——泰戈尔

金钱是一种有用的东西，但是，只有在你觉得知足的时候，它才会带给你快乐，否则的话，它除了给你烦恼和妒忌之外，毫无任何积极的意义。

——席慕蓉

36

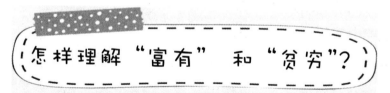

怎样理解"富有"和"贫穷"？

首先，"富有"和"贫穷"并不单指物质层面，还包括心理层面和精神层面。有人说，最富有的人，不是拥有最多的人，而是需求最少的人。

其次，富有与贫穷往往没有绝对的标准，而是相互比较得出的结论。拥有帮助别人的能力本身就是一种"富有"。所以，我们常常看到一些人，从物质财富的角度看，或许是贫穷的，但在精神格调和境界方面，却是丰富而伟大的。

2008 年，一生俭朴的云南丽江老师张桂梅，创办了全国第一所免费女子高中——云南丽江华坪女子高级中学。华坪女子高中招收的学生大多来自贫困山区，不少学生基础差，中考分数远低于当地高中的最低录取线。

然而，华坪女子高中创造了大山里的教育奇迹，10 多年来，已有 1 800 多名大山女孩从这里考上大学。张桂梅像一支蜡烛，燃烧了自己，照亮了大山女孩的梦。2020 年，她被中宣部、教育部评为"全国教书育人楷模"。

最后，"富有"与"贫穷"是相互转化的动态过程。我们看到很多人在一开始的时候，物质和精神都比较"贫乏"，但经过自身的努力和奋斗，收获了各方面的成长，在物质和精神层面都"脱贫"了。相反，有一部分人最初拥有的物质财富挺多，但后来不思进取、好吃懒做，把原本的财富都给"败光"了。

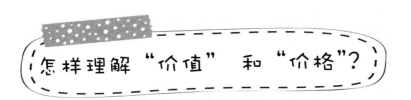

怎样理解"价值"和"价格"？

1. 有些价值是无法用价格来体现的

人的一生中有很多东西的意义和重要性是无价的，如时间、青春、情感、智慧、梦想。这些东西虽然没有被贴上价格标签，但却值得我们付出精力去追寻。

2. 客观看待商品的价格和价值

商品的价值是凝结在商品中无差别的人类劳动；商品的使用价值是满足人们需要的某种属性。二者的联系是：商品是使用价值与价值的统一体；使用价值是价值的物质承担者，没有使用价值的东西一定没有价值，有价值的东西一定有使用价值。商品必须同时具备使用价值和价值。

我们之所以说使用价值是价值的物质承担者，没有使用价值的东西没有价值，是因为没有用的东西我们就不会用于交换，也就不会去探讨其是否有价值。在商业社会，我们常常看到，具有同一使用价值的东西可能价格相差很大。比如，大家背的各种包袋。

要透过让人眼花缭乱的营销广告，看到商品背后最本质的使用价值。我们常常看到拥有巨额财富的人仍然保持朴素的生活习惯，因为"物质的东西，够用就可以"。

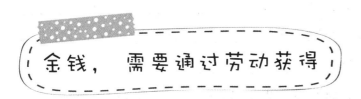

金钱，需要通过劳动获得

很久以前，有一个富翁岛。在那里，长辈教育孩子要想法赚钱，钱越多越好，只要成为富翁，就可以享福了。

富翁岛的富翁非常多。他们自己不干活，而是花钱雇贫穷的农夫帮他们做事。帮富翁干活的农夫们也希望自己能成为大富翁，于是每天都努力干活。

有一天，一个农夫在干活时突然发现了一个山洞，里面装满了金银财宝，于是他欣喜若狂地跑回家，带着家人一同去洞里装运金银财宝，一直忙到天黑，累得直不起腰。第二天，消息不胫而走，于是所有人都上山来了。

现在大家都成了富翁，可是谁来干活呢？于是所有人一起去寻找为他们干活的人。他们找到一个农夫，对他说："我们付给你钱，你帮我们干活。"农夫笑着回答："不，我也成为富翁了，我正要出门找人干活呢！"于是农夫也加入了他们的队伍。他们走呀走，走遍了所有地方，连一个干活的人都没找到。又过了几天，所有人都饿得不成样了。这时，他们才终于明白，不劳而获并不是享福，美好的生活要靠自己的劳动来创造。

金钱是通过劳动换取的报酬。家长朋友们可以有意识地教孩子认识不同的劳动。比如和孩子走在大街上时，让孩子注意交警指挥交通、小贩摆摊叫卖、司机开车等劳动形式，并告诉孩子这些人都是在为社会工作，因此会有金钱的报酬。

无论社会如何发展，劳动都会存在，而劳动的人也最光荣。家长只有尽早帮助孩子树立劳动光荣的观念，孩子才会崇拜劳动者，才能学会勤劳。

获取财富的过程，也是努力用信心和汗水来丰富自己、装扮自己的过程。不劳而获的东西往往是不合理或不合法的。不少违法犯罪分子恰恰就是利用了一些人想要不劳而获的心理。

40

笔者朋友的儿子小哲七岁，虽然年纪不大，但却知道金钱是劳动的报酬，应该珍惜。他从来不缠着爸爸妈妈买东西。

六一儿童节，朋友带小哲去商场选礼物。没想到，小哲并没有被那些款式新颖、价格昂贵的玩具所吸引，而只在促销花车上选了一个很小的青蛙造型的汽车模型。朋友问小哲，为什么不选其他的玩具。小哲说，家里已经有很多玩具了，但青蛙造型的汽车模型还没有，而且价格不贵，他很喜欢。

小哲的选择让人欣慰，这与朋友一家对他的教育分不开。有时，朋友还会专门带小哲去银行自助取款机取钱，并告诉小哲这是他们一个月的工作报酬，是通过劳动换来的。

再举个例子。笔者的另一位朋友有两个女儿。一天，她让两个女儿做家务，告诉她们做完后每人可以得到 5 元钱。姐姐负责洗碗，洗得很认真，得到 5 元钱后买了自己喜欢的小玩具，回家后便开心地玩起来。妹妹负责洗袜子，但她只把袜子放在盆里泡了泡，就直接捞起来晾在了衣架上。妹妹后来也得到5元钱，买了小玩具，但她并不快乐，生怕妈妈发现自己没认真洗袜子。

有一首歌里这样写道："星星和月亮在一起，珍珠和玛瑙在一起，庄稼和土地在一起，劳动和幸福在一起。"

习近平总书记在会见中国少年先锋队第七次全国代表大会代表时，对全国少年儿童寄语："幸福不是毛毛雨，幸福不是免费午餐，幸福不会从天而降。"新时代的年轻人，想要获得人生的幸福，就要脚踏实地去努力奋斗，通过劳动创造财富，同时也要进行创造性的劳动，不断开拓创新，为劳动注入新的源泉和动力，适应时代发展新潮流。

41

钱，要花得有价值

小红的妈妈鼓励她自己安排消费。在妈妈的建议下，小红列出了"消费清单"。妈妈觉得这是一个非常好的消费习惯，但还需加以引导，于是给她举例子："妈妈要养家，所以钱会花在买日常用品、支付水电气费等方面；而你为了能健康快乐地学习和成长，可以把钱花在买玩具、买书、买文具等方面。"

有一天，小红找妈妈要了20元钱去超市买文具。结果，她在买了一支铅笔后，还用剩下的钱买了一顶小红帽。一周后，妈妈帮小红回顾了她的消费：铅笔是学习用品，应该买，可小红帽却是无用之物。因为小红并不缺帽子，家里还有好几顶，再买就太多了。小红说："买的时候觉得好看，没想到却造成了浪费。"妈妈告诉她，这就是冲动消费。

这之后，小红学会了在列消费清单前用心思考，养成不乱花钱的好习惯。

暑假，妈妈给了小红100元，让她来为家人买一周的早餐。第一天，妈妈提醒她："这100元是7天的早餐费，你要安排好每天的支出。如果用得太快，我们就只能饿肚子了。"

一开始，小红连续四天每天只用了14元。但第五天，她突然用了40元，因为出了新口味的酸奶，并且价格并不便宜。回到家，小红解释说："爸爸妈妈没吃过这种口味的酸奶，想让爸爸妈妈尝尝。"

结果 100 元只剩下 4 元，连一顿早餐也买不来。小红觉得很内疚。

第二周买早餐时，小红有意识地控制每天的支出了。到了第七天，钱还剩了不少，小红便为大家"加了餐"。

不懂合理消费会使人焦虑，还会产生家庭矛盾。"有钱时奢侈，没钱时挨饿"的消费恶习，会严重影响孩子未来的生活和幸福。因此要重视消费教育。

不少家长认为今天的物质生活太好了，想不娇惯孩子也难。但这是一个误区。

一是要进行有关正确消费观的教育。比如，如何识别商品的好坏，如何正确对待广告中的产品宣传，如何正确对待群体之间的消费影响、关键人物或明星对消费的影响，如何认识合理的消费结构，如何认识滞后消费、适度消费和超前消费，如何正确看待消费热点与消费流行，如何保护消费者等。

43

二是要养成合理、适度、科学的消费观。

三是要进行节俭教育，让孩子学会合理使用零用钱，懂得珍惜。

四是家长要言传身教。有些家长对子女的要求很高，要孩子艰苦奋斗、勤俭节约，自己却热衷于高消费。这等于是在向孩子宣告："人的价值是要用一些外在的、物质的东西来烘托的。"这类行为容易让孩子忽略内在的、思想层面的成长与价值。

父母在日常生活中的态度和行为，会时时刻刻影响孩子的观念和行为。其实，勤俭是一种永不过时的行为习惯和生活方式。

家庭生活的基本态度和状况，特别是在劳动、报酬、消费等问题上的态度和行为，直接影响着孩子的人生理念和价值判断。

同时，任何成功和进步都离不开自律精神。自律，是人的意志品质的反映。家长是否对自己严格要求并持之以恒，孩子会看在眼里、记在心上。如果家长抵制不了花花世界的诱惑，经常放纵自己，说话不算数，就不可能教育好自己的孩子。

从某种意义上说，如何面对物质生活的强烈诱惑、养成正确的消费观念和行为习惯，是家长和孩子需要共同面对的问题。

取之有道，用之有节

司马光的《资治通鉴·唐纪五十》中有这样一句话：取之有度，用之有节，则常足；取之无度，用之无节，则常不足。

其意思是：取用资源等要有限度，使用它们要有节制，这样才能时常保持资源充足。

这不仅是对金钱应该有的态度，也是对时间、精力和自然资源应该有的态度。

对孩子的财商教育不仅仅是有关金钱的教育，在很大程度上还是对人格、品德以及综合素质的教育。

财商教育面临的难题并不在于孩子未来是否拥有创造财富的能力，而在于如何让孩子同时拥有独立生存和发展，以及承担社会责任的能力。

《富爸爸穷爸爸》的作者罗伯特·清崎说，从小没有金钱意识的孩子，长大后会碰到四个问题：没有节制消费意识；没有需求排序意识；没有投资意识；没有危险意识。

财商教育的最终目的是什么呢？笔者认为财商教育的目的是使孩子具备以下几种能力：

第一是通过认识金钱、了解储蓄，学会延迟满足。延迟满足会让孩子懂得控制自己的欲望，不会出现盲目攀比的行为。

第二是通过自己支配零花钱，学会合理花钱，了解家庭日常支出，从而提高价值识别能力。有了价值识别能力，孩子就会衡量商品的价格和质量，从而提高独立思考的能力，不会轻易上当受骗。

第三是通过向孩子解释购买股票、基金等的投资行为，让孩子了解金钱在社会中的运转规律以及复杂的功能。这能使孩子拥有发现机会和创造机会的眼光和动力。

第四是让孩子了解金钱的作用，并拥有抵御贪婪和恐惧的能力，学会通过合法的方式赚钱，实现人生的理想。

总之，财商教育并不等于教孩子挣钱、花钱，而是教会孩子意识到金钱、时间、精力、物品等稀缺资源的价值，懂得获取和有效使用稀缺资源，并形成习惯。

45

二 什么样的金钱观是错误的？

甜点小故事

　　微软联合创始人比尔·盖茨是一个成功的企业家，拥有让人羡慕的财富，但在生活中，比尔·盖茨却从不摆阔。公务旅行时，他几乎从来不乘坐飞机头等舱；对于自己的衣着，他从不看重品牌或是价格，只要穿起来舒服就行。在比尔·盖茨父母的教育理念中，有非常重要的三个词——尊重，坦诚，爱。这是为人父母的眼光和格局。因为父母的信任和支持，比尔·盖茨才能走出迈向辉煌人生的第一步。同样，当比尔·盖茨成为父亲以后，他也延续了父母的教育理念，从不干涉孩子们的职业规划，并且不遗余力地培养孩子们的爱好，帮助他们挖掘自身的潜力。

比尔·盖茨认为，从小养尊处优会让孩子一事无成。所以他公开表示，不会将自己的所有财产都留给自己的继承人。他说："我只是这笔财富的看管人，我需要找到最合适的方式来使用它。"他认为每一元钱，都要发挥出最大的效益。

比尔·盖茨和妻子虽然十分疼爱自己的孩子，但也会严格控制着孩子的零花钱，培养他们"付出才有回报"的劳动意识。在他的要求下，每个孩子都需要帮助父母做力所能及的家务，并且学着自己解决问题。

虽然比尔·盖茨平时给孩子的零花钱不多，也从不鼓励他们买奢侈品，但是对于孩子们合理的兴趣和爱好，比尔·盖茨都会全力支持。

47

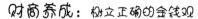

错误的金钱观有哪些？

1. 把赚钱当成人生唯一或者最终的目的

如果一个人把赚钱当作人生的唯一目的，那么最后他就会沦为金钱的奴隶。君子爱财，取之有道。如果为了赚钱而不择手段，结果只会害人害己。

2. 将钱看得太重，舍不得花钱

钱是拿来用的，只赚钱不花钱，钱就失去了流动性，也就没有价值了。只有把钱用到合适的地方，才能发挥它真正的作用，并不断产生更多的财富，为人类造福。

3. 认为金钱能买到一切

我们每个人都懂得这样一个道理：金钱可以用来买房子，但不能买到一个家；可以用来买高品质的床，但不能买到好的睡眠；可以用来买精美的钟表，但不能买到更多的时间；可以用来买书，但不能买到知识；可以用来买药，但不能买到健康。金钱并不是万能的。

有人说，世界上百分之八十的喜剧和金钱无关，而百分之八十的悲剧却和金钱有关。这话虽然不完全正确，但确实有些道理。

金钱是身外之物，我们应该淡然面对，不能一味贪图。衡量一个人的价值，应以其对社会的贡献为标准，而不是其财富的多少。有的人之所以受到全社会的尊重，是因为他们对人民、对社会做出了贡献。人生的价值，是用多少钱都无法衡量的！

金钱是一把双刃剑，树立起正确的金钱观对个人而言具有非常重要的现实意义。

一方面，我们要学会利用金钱追求自己喜爱的生活方式，投资自我，实现自身的价值，而不是盲目地攒钱，过分看重金钱本身。

另一方面，我们要对金钱抱有合理的追求动机，而不是被各种欲望所牵制，处于不健康的高压状态当中。你对待金钱的态度，决定了你对待人生的方式；你对金钱的追求，决定了你理想的高度和实现自我价值的方式。

第三部分

名言里的金钱观

在对孩子进行教育时，金钱观教育是不可缺少的一部分。缺乏金钱观教育，会给孩子的人生带来遗憾。

　　钱是中性的，但人性是复杂的。因此，财商教育是非常重要的，它有助于孩子形成正确的价值观，培养美好的品格。

甜点小故事

　　著名的女企业家董明珠是位单身母亲，儿子东东2岁时，丈夫病逝。东东5岁之前，都是在董明珠身边长大的，无论董明珠去哪里，东东都没有离开过她。

　　董明珠进入格力以后，东东就变成了"留守儿童"。

　　在这样的环境下，东东很早就学会了独立，并且十分低调，从来不和任何人说起自己的母亲。后来，东东成为一名优秀的律师。每次提到儿子，董明珠脸上总是流露出欣慰的神情。因为儿子是她的骄傲。董明珠曾在节目《百佬会》里说起自己的儿子："在他眼里，他就是个普通人。他现在开一辆10万元的车，开得很好，很开心。他连房子都是租的。"

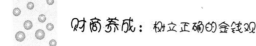

与金钱观有关的名言

1. 天下熙熙，皆为利来；天下攘攘，皆为利往。

解析：这句话出自西汉著名史学家、文学家司马迁所撰写的《史记》中的第一百二十九章《货殖列传》，是说天下人为了利益蜂拥而至，为了利益各奔东西。司马迁针对当时重农抑商的时弊，着重阐述了重商主义的经济思想。

54

2. 人生贵相知，何必金与钱？

解析：这句诗出自唐代诗人李白的《赠友人三首》。人与人交往最可贵的是互相理解、心灵沟通，而不是物质、金钱上的来往。诗句表达了作者重情谊、贵知心的友谊观。

3. 赤心用尽为知己，黄金不惜栽桃李。

解析：这句诗出自唐代诗人李白的《少年行三首》。桃李，喻指所培育的后辈、门生。为了知己好友费尽了一片赤诚之心，为了栽培后辈、门生毫不吝惜钱财。诗句描绘了少壮侠客的慷慨豪情。

4. 一寸光阴一寸金，寸金难买寸光阴。

解析：这句话出自《增广贤文》，将时间与黄金做对比，强调了时间的宝贵，也从侧面反映出金钱不是万能的。

5. 积金千两，不如明解经书。

解析：这句话出自《增广贤文》，意思是积累千两黄金，不如学习书本中的知识，强调知识的价值，也隐含了"金钱难买知识"的道理。

6. 知足常足，终身不辱。

解析：这句话出自《增广贤文》，意思是懂得知足的人常能感到满足，且一生都不会被欲望所控制而辱没自己。

55

7. 君子爱财，取之有道，视之有度，用之有节。

解析：这句话出自《增广贤文》，指君子对理财的立场和看法。意思是君子喜爱财富，应该通过正当的途径来获得。要有分寸地看待钱，要节约用钱。

8. 钱，味甘，大热，有毒。

解析：这句话出自唐代张说的《钱本草》。《钱本草》系张说仿《神农本草经》体式撰写的一篇文章。作者把钱当成一味药来分析，论述了钱这味"药"对人的利弊。

9. 爱钱的人很难使自己不成为金钱的奴隶。

解析：这句话出自法国思想家、文学家罗曼·罗兰，意为一些人在有了钱之后，会时时刻刻为保存既有的钱和争取更多的钱而烦心。这句话流露出罗曼·罗兰对物质财富的克制与理性。

10. 金钱能做很多事，但它不能做一切事。我们应该知道它的领域，并把它限制在那里；当它想进一步发展时，甚至要把它们踢回去。

解析：这句话出自英国历史学家、哲学家卡莱尔。钱可以为我们解决很多烦恼，没有钱我们将无法生存，但金钱的获得必须经过正规的渠道，合理的钱可以要，不义之财绝不能要。

第四部分

名人的金钱观

在物质生活和精神生活日益丰富的年代，很多德高望重的人士仍然保持艰苦朴素的作风。谁能抵得住浮华，耐得住寂寞，能潜心做人做事，为国家民族建功立业，谁就会赢得公众的支持和敬重，实现人生的理想。

一 中国古代名人故事里的金钱观

晏婴： 主动分享

59

晏婴：夫十总之布，一豆之食，足于中，免矣。

【名句解释】

只要有衣穿，有饭吃，心里满足，就可以免于忧患了。

【人物简介】

晏婴，春秋后期齐国丞相，杰出的政治家、思想家、外交家。晏婴经历了齐灵公、齐庄公、齐景公三朝，辅政长达五十余年，他谦恭下士，廉洁奉公，深得齐人爱戴。汉代文学家刘向整理了《晏子春秋》，此书是我国最早的一部短篇小说集，记述了晏婴的思想、言行和事迹。

【小故事】

晏婴生活勤俭简朴。有一次，齐景公派使者拜访他，晏婴正在吃饭，便将饭食与使者分吃，结果两人都没有吃饱。齐景公得知后，立即派人给晏婴送去大笔金钱。晏婴婉言谢绝："我家里并不贫穷。君王给我的赏赐使我三族都受了益，朋友也沾了光，还救济了百姓，因此我并不贫穷。从君王那里得到赏赐，再送给百姓，就等于代替君王治理百姓，忠臣不做这种事。从君王那里得到赏赐，却不散发给百姓，就等于用竹筐收藏财物归为己有，仁义之士不做这种事。在朝做官时，从君王那里得到赏赐，而不做官后便会因为这些财富招来士人的仇恨；自己死后财富都成了他人的，等于是为家臣存钱，聪明人不会这样做。只要有衣穿、有饭吃、心里满足，就可以免于忧患了。"

【启示】

幸福是用钱买不来的。只要自己的钱能够满足日常开销，用着不紧张，也就足够了。钱用完了可以挣，而幸福一旦失去，就很难得到了。勤俭节约，懂得与人分享，才会获得真正的幸福。

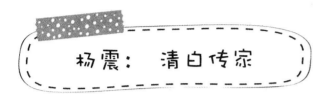

杨震： 清白传家

杨震：使后世称为清白吏子孙，以此遗之，不亦厚乎？

【名句解释】

让后代被称作清官的子孙，把这样的名声留给他们，不也是优厚的待遇吗？

【人物简介】

杨震，字伯起，弘农华阴（今陕西华阴）人，东汉时期名臣。杨震为官正直，不屈权贵，屡次上疏谏言，受世人敬仰。

【小故事】

杨震虽为高官，但生活极为简朴。他常以素菜为食，不穿绫罗绸缎，出门不乘车马，也不为自己修建豪华宅院。一日，朋友登门拜访，见杨震的居所非常简陋，便问："您家中人口众多，房子却并不宽敞，且门窗朽蚀，墙壁斑驳，为什么不建一座新宅呢？"杨震摇头道："现在还有不少人家风雨难遮，我一家能安居于此，已经心满意足，不敢再有奢求。"

在众多王公大臣为一己私利成为贪官之时，杨震却独树一帜，廉洁自律。有人劝他为子孙考虑，置办产业。他却坚决不肯，慨然说道："使后世称为清白吏子孙，以此遗之，不亦厚乎?"他认为，传给子孙后代的，不应是金银财宝，而应是"清白吏"应有的美德。

【启示】

杨震一生刚正不阿，勤勉清廉，他的故事已成为千古美谈，对后世产生了很大影响。我们不能被金钱和权力蒙蔽双眼，无论何时都应该勤俭自律，秉持正确的金钱观。

陶渊明： 不能为五斗米折腰

陶渊明：不能为五斗米折腰。

【名句解释】

比喻为人不庸俗，有骨气，不为利禄所动。

【人物简介】

陶渊明，字元亮，晚年更名潜，字渊明。别号五柳先生，世称靖节先生。浔阳柴桑（今江西九江）人。东晋末期杰出的诗人、辞赋家、散文家。被誉为"隐逸诗人之宗""田园诗派之鼻祖"。

【小故事】

公元405年秋，陶渊明来到离家乡不远的彭泽县当县令。一天，他的上司派遣一名官员来检查公务。此官员粗俗傲慢，十分凶狠贪婪。他一到彭泽的旅舍，就差县吏去叫陶渊明来见他。陶渊明平时蔑视功名富贵，对这种假借上司名义发号施令的人很瞧不起，但官职在身，不得不去拜见。

不料，县吏拦住陶渊明说："大人，见这位官员要穿官服、束腰带，不然有失体统，对您不利！"

这一下，陶渊明再也忍受不下去了。他长叹一声，道："吾不能为五斗米折腰，拳拳事乡里小人邪。"（意思是：我怎能为了县令的五斗薪俸，就低声下气去向这些小人贿赂献殷勤。）说罢，他便摘下官帽，辞职归乡。

63

【启示】

做人要以名节和志向为重，不趋炎附势，保持善良纯真的本性，不为世上的名利浮华所改变。

司马光：　谨慎对待俭与奢

64

司马光：由俭入奢易，由奢入俭难。

【名句解释】

从节俭变奢侈容易，从奢侈变节俭困难。

【人物简介】

司马光，字君实，号迂叟，陕州夏县涑水乡（今山西夏县）人，世称涑水先生，北宋政治家、史学家、文学家。其人品高尚，受人景仰。他主持编纂了我国第一部编年体通史《资治通鉴》。

【小故事】

司马光生性节俭，不喜奢华，不爱钱财。他在《训俭示康》中曾提及，小时候长辈会给他穿华美的衣服，但他总是觉得太过奢侈而把它脱下。后来他中举时，仁宗皇帝设宴款待。酒席宴会上，每人都在头上插满鲜花，肆无忌惮地嬉戏取乐，唯独司马光正襟危坐，也不戴花。同事提醒说："戴花是皇上命令的！"司马光才不太情愿地戴了一朵小花。

妻子去世后，清贫的司马光拿不出给妻子办丧事的钱，只好把仅有的三顷薄田典当出去，买了棺材为妻子料理后事，尽了丈夫的责任。他为官几十年，位高权重，竟然典地葬妻，不得不让人深思。

司马光常告诫后辈："由俭入奢易，由奢入俭难。"在贫寒之时，保持勤俭容易做到，但功成名就后，还能继续保持一贯勤俭的作风，才是最艰难的事情。

【启示】

司马光虽然生活节俭，但他以独特的品格和作风，成为那个时代的精神标杆。然而，在如此清贫的生活中，司马光主持编纂了《资治通鉴》这部三百余万字的巨著。不得不说，较之金钱，崇高的精神追求更能推动进步。

65

海瑞：一文一分赃证也。

【名句解释】

（贪污）一分一毫都是盗窃的证据。

【人物简介】

海瑞，字汝贤，号刚峰，海南琼山（今海南海口）人，明朝著名清官，有"海青天"之誉。他屡平冤假错案，打击贪官污吏，修筑水利工程，并推行"一条鞭法"，深得民心。

1587 年，海瑞病死于南京官邸，获赠太子太保，谥号忠介。

【小故事】

海瑞在当教官时起就禁止学生给他送礼，他始终保持清正廉洁，除了领取政府下发的俸禄外，绝不接受一分一毫的"灰色收入"。明朝官员的俸禄，在历朝历代中是最低的。海瑞任淳安知县时，他的月薪大致仅相当于今天的 1 130 元。海瑞上有老、下有小，生活过得十分艰难。尽管如此，他依然毫无怨言。身为知县，他亲率仆从种蔬菜自给。有一次海瑞为母亲过生日，买了两斤肉，居然还成了新闻。

【启示】

海瑞之所以成为正义的象征、为官的表率，深受敬仰与爱戴，就在于他为官清廉，刚直不阿。

二 中国近现代名人的
金钱观

曾国藩： 家书里的金钱观

67

曾国藩是晚清著名的政治家、战略家，是湘军的创立者和统帅，是赫赫有名的两江总督，被推为"晚清中兴四大名臣"之首。除此之外，他还有着超前的金钱观。

曾国藩在其家书中写道："予自三十岁以来，即以做官发财为可耻，以宦囊积金遗子孙为可羞可恨，故私心立誓，总不靠做官发财以遗后人。神明鉴临，予不食言。"这句话是曾国藩给自己立下的志向。他认为做官不是为了发财，甚至以发财为耻。他也不会为了子孙去贪污钱财，留的钱太多，是对子孙的毒害。曾国藩确实说到做到，于公于私都能谨守誓言。

升任两江总督后，曾国藩前往祁门考察。为了不让各地官员大摆宴席、大搞迎送仪式，他在出发前特意发出通知：不准迎接、不准设宴、不准鸣礼炮。但是各地官员以为曾国藩只是客气，还是很隆重地迎接了他。曾国藩很生气。这时候大家才知道曾国藩是认真的。

林则徐： 不给子孙留钱

林则徐是清朝的政治家、思想家和诗人。他说过一段发人深省的话："子孙若如我，留钱做什么，贤而多财，则损其志；子孙不如我，留钱做什么，愚而多财，益增其过。"

这句话的意思是，如果子孙后代像我这么贤能，就没有必要留钱给他，如果他本来就很贤明，过多的财产反而会消磨他的志气。如果子孙是平庸之辈，那留钱给他，反而使他好逸恶劳，坐吃山空。留的钱越多，就越会增加他的过错。

周恩来： 一生俭朴为人民

周恩来的侄女周秉德透露，周恩来一直非常俭朴，平时在家里吃饭，都是一荤一素一汤，有时候一道菜这顿饭没吃完，就留着下一顿再吃。在饭桌上，掉一点饭粒，他也一定要捡起来吃掉，节省的意识非常强。他还坚持每个礼拜吃上两三次粗粮，说不能忘了本，因为在红军长征的时候，根本吃不上东西，时常忍饥挨饿。

周恩来不仅在"吃"方面节俭，在"穿"上也是如此。周秉德说，在担任总理的二十六年里，他只穿过三双皮鞋、一双凉鞋，不肯买新的。鞋底磨坏了，就换底换掌。照片中的他，一身中山装整洁、笔挺，其实里面的衣服早已穿破，补丁很多。他的睡衣、睡袍也同样如此。一件蓝白条的睡袍，用手绢、小毛巾、纱布等补了几十个补丁。

周秉德还回忆，周恩来一辈子可以说没有过一天奢华的生活，没有穿过一件奢华的衣服、吃过一次奢华的饭菜；在病重期间还坚持工作，而且没有要求任何一点特殊的照顾。他一辈子都全身心地为国家、为人民在操劳。

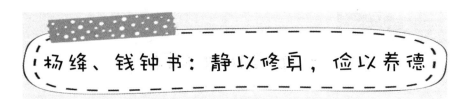
杨绛、钱钟书：静以修身，俭以养德

钱钟书是中国现代作家、文学研究家，出版有《围城》等作品。其妻杨绛是中国现当代作家，文学翻译家和外国文学研究家，出版有《洗澡》《我们仨》等作品。

陈道明饰演《围城》中的方鸿渐后，曾一度有些浮躁。但在拜访钱钟书后，陈道明大受触动，他说："你可以在他们家闻到书香，可以听到安静，也可以看到从容。"

二老从没装修过的房子，布置得极简单，屋子里显眼的是一张长台桌和几把椅子，除此之外就没有什么家具了。家中最多的就是书，屋子里的所有角落都堆满了。

两位老人简朴、从容的生活令人动容，也与他们丰盈的精神世界形成鲜明对比。诸葛亮的《诫子书》里有一句话：夫君子之行，静以修身，俭以养德。节俭是一种生活方式，更是一种品格和态度。

杨绛自己省吃俭用，衣服上打着许多补丁，却在钱钟书去世后，以全家三人的名义，将稿费捐给母校清华大学，并设立"好读书"奖学金。目前，该奖学金累计已过千万元了。

《杨绛文集》的责任编辑王瑞说："有一次，看她穿的鞋还挺别致，她说是钱瑗的，当时我都快哭了。"在这浮华的世界里，这种纯朴和奉献，他们让我们感受到了一种生命的活力和高尚。

李四光是我国地质力学的创立者、中国现代地球科学和地质工作的主要领导人和奠基人之一，是新中国成立后第一批杰出的科学家和为新中国发展做出卓越贡献的元勋，其在 2009 年当选为"100 位新中国成立以来感动中国人物"之一。

1948 年，李四光接受国际地质学会的邀请到英国工作，发表的《新华夏海的诞生》轰动了欧洲。

一天清晨，李四光在报纸上看到一则消息："……12 月 2 日沈阳解放……"他激动得热泪盈眶，多年的梦想就要成真了，新中国就要诞生了！在剑桥大学中国留学生举行的年会上，他激动地说："我虽然 60 岁了，身体一直不好，但我一定要回到祖国去，把自己的余生贡献给新中国！"

但是此举触怒了国民党当局。国民党驻英国大使馆秘书找到李四光，掏出一张 5 000 美金的支票，说："你向世界发表个公开声明，否认中华人民共和国。"又威胁说："你如果不肯，我们将采取必要措施，将你扣留在国外。"李四光听罢气愤至极，当即严厉斥责："我归国之心能用金钱收买吗？我要回国，不要美金！"

经历了千辛万苦，1950年4月，李四光终于踏上了祖国的土地，实现了为祖国效力的愿望。

钱学森：我姓钱，但不爱钱

钱学森是世界著名科学家、空气动力学家、中国载人航天奠基人、中国科学院及中国工程院院士、中国"两弹一星"功勋奖章获得者，他被誉为"中国航天之父""中国导弹之父""中国自动化控制之父"和"火箭之王"。钱学森淡泊名利，把物质财富看得很轻，其高尚品德和人格魅力令人钦佩。钱学森常说，他姓钱，但不爱钱。

钱学森在美国留学时年薪颇丰，一家人吃穿不愁，过着优渥的生活。

钱学森回国后，周恩来总理亲自任命他为国防部第五研究院院长。即便如此，他当时的月工资也只有330多元，与在美国时相比有着天壤之别。而钱学森对此却并不后悔，他还主动打报告，说国家处于困难阶段，再三要求降低自己的行政级别及工资，此举令当时许多官员深感敬佩。

此后数十年，钱学森多次将自己的稿费、讲课报酬，甚至父亲去世后的补贴等上交组织或捐赠他人。其中，最大的两笔捐赠是：1994 年，他获得的香港何梁何利基金优秀奖 100 万港元；2001 年，他获得的香港霍英东"科学成就终生奖" 100 万港元。对于这两笔巨款，他甚至都没有经手，就直接委托秘书涂元季将两张巨款的支票捐给了内蒙古促进沙产业发展基金会。

钱学森还给自己制定了"七不"原则：不题词；不写序；不参加任何科技成果评审会和鉴定会；不出席任何"应景"活动；不兼任荣誉性职务；上了年纪后不去外地开会；不上任何名人录。

钱学森其言其行，无不彰显无欲则刚和宁静致远的君子品质。正如《钱氏家训》中所言："利在一身勿谋也，利在天下必谋之。"（意思是：如果是只对个人有利的事，就不要去谋划；如果是对天下人都有利的事，就一定要去做。）

贝聿铭家族： 以德遗子孙

　　贝聿铭是美籍华人建筑师、土木专家，被誉为"现代建筑的最后大师"。他的作品以公共建筑、文教建筑为主，代表作品有巴黎卢浮宫扩建工程、香港中国银行大厦、苏州博物馆新馆等。

　　很少有人知道，贝聿铭身后，是一个传承了15代的百年名门望族。这个家族一直秉持着"以产遗子孙，不如以德遗子孙"的理念。说起贝氏家族的发家史，离不了两个字："诚"和"善"。

　　早年间，贝氏祖先以开药房为生，主营草药。相传在第三代祖先贝和宇当家的时候，某天深夜，药铺遭强盗抢劫。而贝和宇首先想到的不是保护自家财物，而是把委托商的钱款转移出去。一时间，舍财取义的贝氏名声大噪，生意就此兴隆。

　　真正让贝家成为大家族的祖先贝慕庭，也一直是乐善好施之人。饥荒之年，当其他商家都在哄抬粮价之时，贝慕庭却降价售卖。在他六十大寿的时候，他更是当着贝家后辈的面，烧毁了一个装满了欠条的盒子。里面的欠款加起来有数万两白银，都是被别人借去的钱财。贝慕庭一把火免除了压在很多人身上的巨额债款。

贝聿铭的叔祖父"颜料大王"贝润生总说："以产遗子孙，不如以德遗子孙；以独有之产遗子孙，不如以公有之产遗子孙。"他将本是贝家私产的园林——狮子林捐献出来，并捐资建立了贝氏承训义庄，用来赡养、救济族人。祖父贝理泰也一直对贝聿铭耳提面命，经常用孔子的话来教导他："为政以德，譬如北辰，居其所而众星拱之。"

常言道，积善之家，必有余庆。贝氏一族薪火相传，经久不衰的原因，就藏在这一"诚"一"善"之中。

75

庄世平：把自己一手创办的银行无偿交给国家

庄世平是著名的革命家、爱国者、金融家、社会活动家。他被称为世界华侨的领袖。

庄世平不仅为中国的解放事业做出了突出贡献，也为新中国的经济建设提供了外汇保障。

改革开放以来，他鼎力支持深圳特区的建设，还为潮汕人的第一所大学——汕头大学奔走努力。晚年时，他更把自己一手创办的两家银行无偿交给国家。

庄世平，被称为香港最穷的"富豪"。几十年来，身为两家银行董事长的他，拿着跟银行普通管理人员一样的工资；每天上班步行或搭电车，住的是银行提供的 52 年楼龄的宿舍。他出差坐经济舱，吃饭在大排档，衣柜里没有任何名牌服饰。一件衣服缝补多次依然穿在身上，手表还是老掉牙的"精工表"……

庄世平不仅自己过得节俭，对儿女的教育也很严格。他没有让儿女去国外留学，而是早早将他们送往祖国内地，深入了解学习中国的文化。他衷心希望自己的儿女可以为祖国的发展做贡献。

李嘉诚曾问庄世平："你说，人生什么最有意义？"庄世平回答："兴学育才最有意义。像陈嘉庚先生一样，名字和他创办的厦门大学和集美大学联系在一起，这样的人生最有意义。"

三　中国当代名人的金钱观

霍启刚和郭晶晶：　让孩子懂得金钱的意义

霍启刚毕业于牛津大学彭布罗克学院，获得经济学和管理学学士学位，现任霍英东集团副总裁及澳门霍英东基金会信托委员。郭晶晶是中国国家跳水队前运动员、奥运会冠军。

霍启刚曾在微博"晒"出一组照片，照片内容是他和郭晶晶带儿子霍中曦到农田插秧。霍启刚为照片配文："现在的孩子们成长在幸福的时代，没饿过肚子，挑食和浪费变成了习惯，他们更需要知道食物从哪儿来，学会珍惜，学会知足！"

霍启刚和郭晶晶教育孩子的方式，不只是放手让孩子去体验、去吃苦。育有一儿二女的他们，有很多教育方法值得父母们学习。

霍启刚曾在网上分享儿女帮忙洗车的近照，并写道："科技确实给我们带来了便利，电子钱包改变了生活，现在随便手机上扫一扫，八达通'嘟一嘟'就可以买东西了。孩子长大习惯了电子交易后，真的懂得每一次'扫完'或'嘟完'背后每一块钱的意义吗，买东西的代价吗？最近我们有一个家庭的周末活动，帮爸爸洗车！妹妹小，奖励好吃的，哥哥就赚点小零用钱，让他知道买东西背后的代价和付出，不能说见到喜欢的就要。不知道这样做法对不对，也许对他们来讲只是玩水的好机会，但是只是希望他们成长能学会珍惜！"

78

霍启刚留言说，这是他们的家庭周末活动，孩子要帮爸爸洗车，才能获得奖励——妹妹能得到好吃的，哥哥能得到零用钱。

霍启刚希望通过这个活动让孩子们懂得金钱的意义，知道"买东西的代价"，并给孩子树立具有正能量的价值观——低调、俭朴、务实。

霍启刚和郭晶晶之所以能够以这样的方式教育孩子，是因为他们平时就是这样做的。霍启刚和郭晶晶一直被称为"富豪界"的一股"清流"。

钟南山：家里从来不谈钱

钟南山是中国工程院院士，著名的呼吸病学专家。2020年，新冠肺炎疫情肆虐，钟南山以 84 岁高龄，毅然挂帅出征，北上武汉。他以院士的专业、战士的勇猛、国士的担当，一路奔波不知疲倦，满腔责任为国为民。很多人说，看到钟南山出现在电视里，心里就踏实了。他的每一句话，都成为抚慰民众焦虑情绪的定心丸。钟南山把一片赤子丹心，献给了他热爱的苍生。

钟南山出生于一个医学世家。父亲钟世藩于美国获得医学博士学位，是中国著名的儿科专家；母亲廖月琴出身名门，是广东省肿瘤医院的创始人之一。从小耳濡目染的钟南山，充分感受到了医者救死扶伤、无私奉献的精神。

父亲的言传身教，为他铺下了从医的第一块基石。钟世藩老先生一生醉心于医疗研究事业，笔耕不辍，年逾七十，写出了专著《儿科疾病鉴别诊断》。这本书出版后，钟老先生收到了一笔稿酬。他却把其中的一半，送给帮他抄书的医生，又自费购买了四十本，分送给亲朋好友。不计较钱财名利，只埋头钻研医学，这就是钟家的朴素家风。

钟南山说，自己家里，从来不谈钱。他到现在，也不知道自己的工资是多少。

他说："如果认为钱是快乐之源，就很容易成为金钱的奴隶，会被钱控制，会疲惫，甚至会失去自我。"

也许，正是这样的家庭氛围，造就了他的大格局、大眼界。他不为金钱所困，敢说敢做，踏踏实实地研究了一辈子医学。

袁隆平是中国杂交水稻育种专家、中国研究与发展杂交水稻的开创者，被誉为"世界杂交水稻之父"。2019 年 9 月 17 日，他被授予"共和国勋章"。

袁隆平曾在接受媒体访谈时，谈到自己对金钱的一些看法。

其一，"钱是重要的，但其来路要正"。一份评估机构的报告称，袁隆平的身价为一千亿元。而事实上，他每月的工资加上补贴只有几千元，他却乐呵呵地说："这些收入不低了，够花了。"这种态度，凸显其高尚。

其二，"钱是挣来用的，但莫奢侈浪费"。袁隆平将国家给予他的大部分奖励用来搞科研，并拿出 1 200 万元设立"袁隆平农业科技奖"，而自己却饮食清淡，衣着朴素。

其三，"该用的钱就要用，不要小气"。生活中的袁隆平勤俭、朴素、"小气"，但对教育事业、慈善事业却慷慨大方。

其四，"钱不是衡量地位、身价的标尺"。袁隆平说，现在有些人瞧不起农民，这是不对的。农民有两个优点：一是朴实，二是勤劳。穷不是低下，有钱不见得高贵，要看本质。

金钱是一面镜子，可以照出一个人的精神境界。袁老的这几句话寓意深刻，发人深省。

袁隆平如今已经九十一岁高龄，却仍在工作，不断追求水稻产量的新突破。

为了搞科研，袁隆平不住豪宅、不开豪车，把经费拿来做研究。国家奖励给他的青岛国际院士港别墅，也被他改成了研发"青岛海水稻"的科研室。一直以来，袁隆平下田地做实验，都是骑自行车去的，很少坐车。后来年纪大了，身体越来越不方便，才购置了一辆几万元的代步车。

81

南仁东：放弃高薪回国

南仁东是中国天文学家、中国科学院国家天文台研究员，曾任 500 米口径球面射电望远镜工程（FAST）首席科学家兼总工程师，主要研究领域为射电天体物理和射电天文技术与方法。2019年9月17日，南仁东被授予"人民科学家"的荣誉称号。

南仁东说："科学没有国界，但科学家有祖国。"南仁东放弃了国外的高薪，回国担任北京市天文台副台长。

1993年，他代表中国到日本东京参加了改变他一生的国际无线电科学联盟大会。会上，很多科学家都希望在全球电波环境进一步恶化之前，建造出新一代的射电望远镜，以接收更多来自外太空的信息。

听到这个消息，南仁东激动了，他对身边的同事说："咱们也建一个吧！"

于是，曾经穿着西装在各地演讲的南仁东，扛着锄头、带着咸菜，外加300多幅卫星遥感图，开始了他孤独的旅程。

他跑遍全国各地，在西南的一座座大山里寻觅，在满是坟地的山头上行走。2006年，在南仁东不在场的情况下，世界各国科学家依旧推选他为国际天文学会射电专业部主席；在国内，FAST项目跟各大院校的合作也开始有了突破性进展。

2007年，国家终于批复了南仁东的立项申请。2011年，南仁东心心念念的FAST项目终于动工了。

南仁东身为首席科学家兼总工程师，本可以遥控指挥，但他却亲自参与了工程的每一个环节。他深知这一切来之不易，便尽力处理好每一个细节。

2016年9月25日，中国的"天眼"——FAST项目，终于完工了！尽管项目耗资巨大、如履薄冰，他还是始终坚守初心。

努力终不负有心人。

"我是一个战略型工人。"这是南仁东对自己的评价。他的学生是这样评价他的："简单纯粹，待人真诚。"就是这样一位朴素的老人，创造了举世瞩目的成就。他留给世界的最后一句话是："一切从简，不举行仪式。"

南仁东就这样离开了人世，但远在贵州黔南的喀斯特山林里，天眼 FAST 永远闪烁着属于自己的光芒。

霍英东：　节俭的快乐

83

霍英东是著名的社会活动家、实业家。2018 年 12 月 18 日，党中央、国务院授予霍英东先生"改革先锋"称号，颁授其"改革先锋"奖章。

霍英东把社会利益、百姓福祉当作比赚钱更大的事业。霍英东对儿子霍震宇说，金钱可以用来吃喝玩乐，也可以用来为社会和国家做更多的事，这在于你有怎样的人生目标和价值观。回馈社会、为社会做贡献是金钱最大的价值。

长期以来，霍英东为祖国的文化、教育、体育事业以及家乡建设捐献了大笔资金。其中很大一部分，是直接捐赠给体育项目的。霍先生曾说："捐赠体育项目，并非仅仅由于我本人喜欢体育运动，而是基于体育运动本身对于国家进步、民族兴盛的重要作用。"有人算了一笔账，霍英东的捐赠总额已近百亿港元。而霍英东却不认为自己捐得多，他说："我的捐款，就好比大海里的一滴水。"

霍英东的金钱观的可贵之处，在于他把俭朴的生活看成人生的快乐，安之若素。

霍英东拥资百亿，然而节俭得让人难以置信：夜宵是参加晚宴打包回来的食物；鞋子坏了，会让人拿去补补再穿。和霍英东相识几十年的曾宪梓说："没看到过他穿什么好料子。"

每个第一次与霍英东共同进餐的客人，餐前都会被告知：吃饭吃多少添多少，吃菜吃多少就夹多少，千万别浪费。

在北京建房盖楼的霍英东，并没有自己的写字楼。他去北京从来只拎一只布袋子，里面装着材料，走到哪儿看到哪儿，布袋子就是他的办公室。

霍英东的金钱观并非无源之水、无本之木。他出身贫苦，对于财富有着本能的渴望和最本色的认知。他品行端正，厉行节俭，以自己的财富造福社会，这不仅是家风和教养的遗传，还是他的人生态度。

马旭：攒钱捐赠家乡

新中国第一代女空降兵马旭，是 2018 年感动中国十大人物之一。这位 85 岁的老人向家乡黑龙江省木兰县的教育局捐赠了 1 000 万元，此举引起了广泛的关注。这笔巨款是马旭与丈夫颜学庸几十年一分一毫积攒而来的。

马旭和丈夫生活简朴。他们住在武汉市远郊黄陂区，放弃了部队安排的住房，而搬到部队旁一个不起眼的小院里。院子里有两间低矮的砖房，在院子的一角，他们开辟出一片菜地。

他们每天早上 5 点多起床，"蒸土豆，喝一杯牛奶，吃一个鸡蛋"；然后就去部队操场锻炼身体；中午回来吃饭，再休息两个小时；下午，他们就看书、读报、学习。二老一直保持着这样的生活习惯。

老人的房间陈设简单，用的都是几十年前的老家具。屋子内摆满了书报和几十年来的学习资料。

"我们俩从不买衣服，都是穿老军服，穿了 70 多年，很方便，（我们）舍不得花钱，也不喜欢五颜六色的花衣服。要节省一滴水、一粒米，不要浪费，要一分一角地攒起来，把利息算入本金存起来，越存钱越多。"马旭老人一双人造革的鞋子一穿就是好多年，皮都破了，她还是不舍得买新鞋。她说，习惯了这样生活，不觉得苦，生活得很幸福。

捐钱的背后，是马旭老人多年来回报家乡的深切愿望。

"我当过兵，上过军医大学，生活幸福了，不能忘记家乡黑土地的兄弟姐妹。"马旭老人有着满满的生活幸福感，"现在国内正在精准扶贫，振兴东北。在我脑中，有国才有家，国家强大富裕了，才有好日子过。"

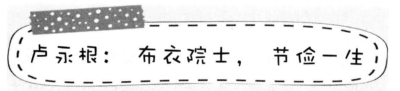

卢永根：布衣院士，节俭一生

卢永根是我国著名的农业科学家、作物遗传学家、教育家。

2017年3月，卢永根在夫人徐雪宾教授的搀扶下来到银行，将10多个存折的存款转入华南农业大学的账户。卢永根夫妇一共捐出8 809 446元，这是他们毕生的积蓄。学校用这笔款设立了"卢永根·徐雪宾教育基金"，用于奖励贫困学生与优秀青年教师。

捐赠时的慷慨与平时生活的节俭形成鲜明对照。卢永根夫妇家中摆放的都是旧家具，铁架子床锈迹斑斑，挂蚊帐用的是竹竿，几把椅子用铁丝绑了又绑。电器也不值钱，还在用老式的收音机、台灯。在他们家房子里，找不到一件新式的家具，这些简易的家当，已陪伴他们半个多世纪。对此，卢永根曾说："这些东西没有用烂，证明物还没有尽其用。"

在离卢永根家不远的路口，有一个修补衣服和鞋子的小铺。经营铺子的主人回忆道："卢老师生活很简朴，鞋子坏了舍不得扔。我有时候也在饭堂碰到卢老师。他吃得也简单，一般是一荤一素，我见过他一顿饭只花了4元。"

卢永根院士的一生都在践行"财富的丰厚不是为了炫耀奢华，而是增加扬善的担当"。

叶嘉莹：　君子忧道不忧贫

出生于书香世家的叶嘉莹，现在是南开大学中华古典文化研究所所长、中央文史研究馆馆员、加拿大皇家学会院士。她深谙中国古典诗词，热爱并致力于传播中华古典文化。人们称她"穿裙子的士"，而她说自己是沙漠中走来的骆驼，用一辈子来找寻中国传统精神的泉源。

2018年6月，叶嘉莹先生捐赠了1 857万元给南开大学，设立"迦陵基金"，支持南开大学古典文化研究。2019年5月，她再向南开大学捐赠 1 711 万元。目前已累计捐赠 3 568 万元。

谈及将毕生积蓄全部捐给南开大学、支持中华传统文化研究时，叶嘉莹坦言，她是深受孔子《论语》的影响："君子忧道不忧贫，君子谋道不谋食。我不是一个对现实利益很关心的人……我自己内心有我的理想、有我的持守，我觉得这样我就活得内心很平安，也很快乐。"

88

第五部分

言传身教，
多维度培养
正确的金钱观

从小培养孩子的金钱观和价值观，用实际行动教育孩子，可以让孩子明白如何使用和管理钱财，这对孩子的成长及其未来人生的规划和发展都有着深远的影响。

一 父母看待钱的
方式影响孩子的一生

甜点小故事

91

从前有一个富翁，他把自己所有的黄金都放在床头。这样，即使到了睡觉的时候，他也能看到黄金，摸到黄金。

有一天，他开始担心这些黄金会被小偷偷走。于是他跑到森林里，在一块大石头底下挖了一个大洞，把这些黄金埋在了洞里。

之后，隔三岔五地，富翁就会到森林里埋黄金的地方去看一看，确认他的黄金没被偷走。

然而，黄金还是被一个尾随富翁的小偷给偷走了。富翁很伤心。

正巧一位长者路过，了解情况后，长者对富翁说："我有办法帮你把黄金找回来！"只见他用金色的油漆把一块大石头涂成金色，然后在上面写上"一千两黄金"。

长者说："从今天起，你又可以天天来这里看你的黄金了，而且再也不必担心这块黄金被人偷走。"

在长者的眼里，如果黄金埋在地下不被使用，就与涂成金色的大石头没有区别。

1. 哭穷

有些父母认为，只有"哭穷"，孩子才能懂得节俭。当孩子想买玩具的时候，家长总说："家里没钱，你应该懂事一点。"当孩子学习的时候，又说："家里没钱，以后都靠你赚钱了啊！"当着孩子的面常说："我们平时都不吃这些，要不是因为你，谁花这么多钱吃这个啊？家里本来就不富裕。"

虽然出发点是好的，但结果往往适得其反，因为无论家庭是否真的穷，贫穷都会成为孩子记忆的标签。孩子被父母不断灌输贫穷观后，虽然知道了金钱来之不易，但是也因此更加渴望金钱，会特别在乎钱。

更深层的影响是，孩子从小被片面灌输"贫穷观"，内心的匮乏感日益滋长，很可能长大后，不懂辨别商品的真正价值，贪图小利，从而影响眼界和格局。

父母的哭穷，也许会让孩子习惯去承受、接受最坏的，但却永远无法让孩子去通过努力争取、获得并享受最好的。

家长不要总是告诉孩子，这个商品很贵，我们买不起。父母应该告诉孩子什么时候要克制和节约，哪些花费应该提倡和鼓励。一是可以试着告诉孩子，家里每个月的花销都有预算，要是现在买就会超出预算，所以可以选择下次再买。对于某些商品，也可以告诉孩子该商品适合年纪更大一点的孩子消费，所以等你长大一点再买。二是可以鼓励孩子通过劳动赚钱来买，喜欢的东西要自己争取。

93

家长也不要总告诉孩子，家里没有钱，要靠你好好上学，才能赚钱养家。家长可以询问孩子："你喜欢什么？为什么？你想要成为什么样的人？我们可以为你做什么？"

当然，家长也不要告诉孩子，只需要好好学习，其他什么都不用管；而可以告诉孩子，要劳逸结合，健康也是人生的财富，只有拥有强壮的身体，才能更好地学习、工作和生活。

另外，家长不要总念叨："这些都一样，买最便宜的。"要教会孩子正确辨别商品的价值：不是越贵越好，也不是只有便宜的才值得买。

可以定期给孩子零花钱，规定零花钱的使用范围。引导孩子建立正确的消费观。

还可以教孩子如何"给予"，让他们明白，钱不仅可以满足自己的物质需求，还可以用来帮助他人。

我们教育孩子，不是为了让他们背上沉重的家庭负担，而是为了让他们可以自食其力，撑起自己的天空，即使生活不富足，也同样能愉快地成长，变得足够自信和勇敢。

2. 无条件满足孩子提出的物质需求

和哭穷相反，有一类家长是孩子要什么就给什么。但无论家庭富有还是贫穷，无条件满足孩子的需求都是溺爱。

这里谈谈培养孩子正确花钱的几种方法，供家长们参考。

教孩子学会储蓄

在孩子上学前和小学低年级阶段，家长可以为其购买一个储蓄罐，鼓励孩子把大人给的零花钱和过年亲戚给的压岁钱存入其中，并让他们懂得这样做能积少成多。

待孩子长大一些，可以以他的名字在银行开个账户，存折交给他自己保管，家长只需教孩子怎样打理自己账户上的资产。这样可以让孩子明白金钱的意义，并培养起他们的理财能力。

适度给孩子零花钱，并教育他如何正确花钱

一方面，家长可以在孩子消费的时候给予一定的指导。例如，当孩子买过多零食时，家长可以分享一些营养学方面的小知识。

另一方面，零花钱不能要多少就给多少，应根据具体情况适度给予。给多和给少都会有副作用。对孩子正当合理的花钱要求，如买书和文具用品等，应允许孩子从自己的存款中开支或家长慷慨解囊。对孩子不合理的开支，如买游戏币、换高配置的手机、买不必要的玩具等，不要简单地说"不行"，而应讲清不能花这笔钱的道理，使孩子心悦诚服。

<u>不要一味地用钱作为"买通"或"惩罚"孩子的手段</u>

孩子参与家务劳动，不建议盲目用给钱的方式进行鼓励。要区分哪些是作为家庭成员应尽的义务，哪些是可以得到奖励的事情。

当孩子考试取得了好成绩，家长可以不用钱作为奖励。不妨向孩子讲清这些道理：努力学习是每个学生应做的事；只有刻苦学习，将来才会有所作为；不学无术，不会给任何人带来益处。

95

值得重视的是，如果一味用金钱鼓励孩子学习，就会转移孩子学习的目的，这样也就失去了学习的价值和意义，是短视的行为。正确的做法应该是激发孩子对学习的兴趣和热爱，只有这种内驱力才是他人生前进的发动机。

<u>不要在家庭财务上对孩子保密</u>

有些父母认为孩子小，不愿对孩子谈及家庭财务情况。俗话说，不当家不知柴米贵，告诉孩子家庭真实的财务情况，不仅可以使他们了解家庭经济状况，还能促使他们想办法帮助解决家庭开支问题。

让孩子了解家庭开支，可以使孩子从小自觉珍惜钱财、不随便花钱。那些不太富裕的家庭，尤其应这样做。

把家长的工作情况告诉孩子

不少父母工作十分辛苦，收入来之不易，却为了孩子花费不少。孩子如果不知道父母是怎样辛劳挣钱供养自己的，就不知道疼爱父母、节约用钱。

财商小测试：测测您的家庭财商教育

1. 您会当着孩子的面讨论自己投资（比如股票投资）的盈利或亏损，或谈及一些生活用品的价格涨跌吗？

A. 轻松谈论　B. 偶尔说起　C. 这些话题都避着孩子

2. 您是否会因为投资（比如股票投资）失败而向孩子流露出低落的情绪或当着孩子的面为钱的问题起争执？

A. 从不　B. 偶尔　C. 经常

3. 您是怎样给孩子零花钱的？

A. 根据孩子的表现来给，如每天自己洗澡、自己检查功课、帮助家长做家务等

B. 每周/每月固定给

C. 孩子要多少给多少，或完全不给孩子支配零用钱的自由

4. 您的孩子能说出自己拥有多少零花钱或积蓄吗？

A. 能较准确说出（误差较小）

B. 能说个大概

C. 完全没概念

5. 您的孩子知道在过去一个月，他的零用钱都花在哪里

了吗？

A．基本知道　B．能说出一部分　C．忘记得差不多了

6. 您的孩子能说出每月你们为他花销的金额，或能说出他的日用品的价格吗？

A．能较准确说出（误差较小）

B．能说个大概

C．完全没概念

7. 您会对家庭每月收入与开支做记录吗？

A．会　B．偶尔　C．几乎不

8. 您的孩子是否舍不得花自己的钱，花别人的钱却大手大脚？

A．不管花谁的钱，他都不会大手大脚　B．偶尔　C．经常

9. 您是否给孩子灌输过"花钱就是不对的"的理念，或当着孩子的面对钱斤斤计较？

A．很少　B．有时　C．经常

10. 如果您的孩子特别喜欢某件商品（非必需品），并且知道半年后该商品会降价，他会怎么办？

A．等半年后再买

B．会考虑等一等，但最后还是抵挡不了诱惑，在降价前去买

C．立刻买

11. 您的孩子明白"时间会让钱生钱"的概念吗？知道储蓄有利息、投资有收益（也有风险）吗？

A. 有基本概念　B. 懂一些　C. 完全没概念

12. 您的孩子愿意为了买一件较为昂贵的物品而攒钱吗？

A. 愿意　B. 勉强愿意　C. 不愿意

13. 您会认为高财商的孩子长大以后：

A. 未必非常有钱，但一定会生活得体面、自如、快乐

B. 一定很有钱、很有品位

C. 肯定有很强的投资理财能力，能赚大钱

14. 您和亲戚朋友的人情往来，会告诉孩子吗？

A. 会告诉　B. 偶尔告诉　C. 不告诉

15. 全家旅游度假前，您会和孩子一起做行程计划吗？

A. 经常　B. 偶尔　C. 不会

98

以上 15 道题，并没有标准答案，但家长可以根据这些问题去思考自己对孩子的财商教育，是刻意地在孩子面前避而不谈与钱有关的话题，还是有意识地培养孩子去了解、理解和思考与金钱有关的问题呢？

我们期待孩子，也希望自己，与金钱建立起健康且自由的关系。金钱是介质，不是归宿。孩子如果不知道金钱从何而来，花钱时就会毫无顾虑，喜欢攀比。因此，父母应该让孩子知道，金钱是需要通过辛勤劳动换取的，要帮助孩子树立正确的金钱观。

和孩子谈钱的正确方式

父母是怎样对待金钱的，孩子就会养成怎样的花钱习惯。父母不攀比、不浪费、勤俭节约，孩子就会被这种良好的家风所影响。在对孩子进行金钱观教育时，一方面要帮助他们树立几个重要的观念：

*金钱来之不易（告诉孩子要有计划、慎重地理财）。

*金钱并不能换来所有东西（提醒孩子不要迷信金钱），付出才会有收获（不要有不劳而获的思想）。

*父母的收入要支付全家人的开销，花钱大手大脚会影响全家人的生活（培养孩子的责任心）。

*不要让自己成为别人勒索的对象（告诉孩子"钱不露白"的道理）。

*不要浪费食物和学习用品。

另一方面也要让孩子明白光省钱是不够的，还要懂得如何合理消费，勤俭但不"抠门"，挣钱有方，花钱有道，这样才能提高孩子的财商。

1. 从"不夸大金钱的作用"开始

父母应让孩子明白钱是解决生活问题的一种工具。钱是平常之物，并不是神通广大的，不能解决一切问题。钱不能换来爱，不能换来信任，也不能换来尊重。让孩子了解金钱的局限性，这是很重要的。

有些父母常有意无意地夸大金钱的作用，如对孩子说："亲我一下，给你一元钱。"有的甚至还宣传"有钱就高贵"，如对孩子说："你看他多有钱，多让人羡慕。"这样会使孩子错误认为，只要有钱就会有高贵的社会地位，就能得到所有人的爱。这恰恰是把孩子引向对金钱的崇拜，而没有引导其对自我能力、对个人的社会价值的追求。

100

2. 让孩子理解，金钱不是衡量价值的唯一标准和最高标准

让孩子了解钱能做什么，是财商教育的一部分。

在接触金钱之初，孩子有时会非常天真地给所有东西"标价"，这时正好可以告诉孩子，有些东西是无法用金钱衡量的。

比如爸爸周末去工作，可能会挣更多钱，但是家人在一起的快乐时光却比金钱更重要。

通过类似方式，让孩子逐步认识到，金钱不是唯一的目标或标准。当孩子树立了正确的价值观后，金钱就不会成为他们的唯一追求。

除了正确引导子女的金钱观，父母还要以身作则，因为财商教育只有父母的标准与孩子一致，才能成功。

3. 让孩子了解价格的概念

有时候，孩子对价格没有概念，这时就需要家长为他们做耐心的讲解。比如上一节一小时的钢琴课是 200 元，如果用这 200 元去超市买零食，或去菜市场买蔬菜、水果，可以买多少。通过对比就能加深孩子的理解。

父母要从生活中事物的价格入手，培养孩子基本的金钱概念。

4. 让孩子知道，金钱是通过劳动获得的

一节钢琴课结束了，爸爸问："宝贝，今天学了什么曲子？"女孩回答道："爸爸，我不想弹钢琴，我今天什么都没有学会。"

爸爸有点生气了，说："因为你想学，爸爸妈妈才给你报了班，况且学费也不便宜，你不好好学就是浪费自己的时间、浪费爸爸妈妈的血汗钱。"女孩转脸问："爸爸，咱家不是很有钱吗？"爸爸却说："咱家再有钱，也是爸爸妈妈辛苦挣来的，这些钱是属于爸爸妈妈的，不是你的呀。"这位爸爸的回答，无形中给孩子树立了正确的金钱观。

笔者做过一些小调查，许多孩子都不知道父母是通过什么方式赚钱的，所以孩子也不会理解父母赚钱的艰辛。

笔者建议，父母可以告诉孩子自己的职业和收入，这样孩子就会对金钱有所认识。家长应该让孩子知道每一分钱都是来

之不易的，不能养成乱花钱的习惯。

5. 让孩子了解你的工作

经常有家长问："我们如何与 6～10 岁的孩子讨论赚钱的事？孩子应该了解我们工作的情况吗？"

家长不妨这样回答："我希望孩子了解我的工作，明白我不在他（她）身边时我在做些什么。我更希望孩子长大一些后能了解我的价值观，还有智慧、合作精神、责任感以及工作的辛勤和快乐。"

6. 告诉孩子，天上不会掉馅饼

没有人会无缘无故地给你钱，在不知道别人目的的情况下，不能收下白给的钱！父母应该尽早让孩子了解等价交换的概念，以防孩子将来落入负债累累的境地。

孩子长大后，可能会受到很多诱惑，比如"介绍朋友来当会员，每个月都能有报酬"。如果孩子相信这样的话，就很可能糊里糊涂地从事了非法职业。"免费海外旅行不收一分钱，只要帮忙带东西过去就可以哟。"如果孩子禁不住这样的诱惑，就可能成为犯罪分子的帮凶。

7. 让孩子学会合理花钱，改变孩子的支出习惯

通过改变家长给零花钱的习惯，亦可以改变孩子的消费习惯。此外，不妨试着让孩子当一天家长，让他们了解家庭是如

何运转的，以及家里是怎么开销的。这样一来，他们就会主动思考，从而制订消费计划，合理消费。还可以鼓励孩子记账，养成良好的理财习惯。

很多孩子看到新玩具就忍不住想要，但是买回来没玩几次，就又丢到一边。因此，家长要教会孩子如何抗拒不合理购物的冲动，学会理性消费。

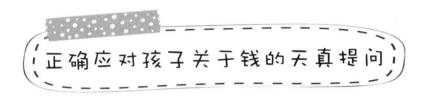

正确应对孩子关于钱的天真提问

1. "你挣多少钱?"

【建议】孩子提出这个问题时，他真正希望知道的是"我们有足够的钱吗? 我是安全的吗?"其实，家长不需要给孩子准确的数字，不妨说："我们有足够的钱给你正常的生活，把你照顾好。"也可以采取公开的态度，告诉他准确的数字，或者把数量限制在某个合理的范围内。

2. "我们家富裕吗?"

【建议】孩子喜欢和别人比较，从而找到自己的位置。孩子问这个问题或是类似的"我们很穷吗"，表明他想了解全家的生活方式。如果自己的家庭条件的确比邻居或朋友好，就应该如实相告，但还应进一步说明有很多东西是金钱买不到或者证明不了的，比如爱情、友情。家长面对这个问题，都挺为难的。

笔者建议，即使家里富裕，父母也要告诉孩子家里的财富来之不易，不能让孩子养成随意花钱、浪费的习惯。

也不要因为家里有钱就看不起别人，就觉得自己高人一等。要教育孩子尊重他人，懂得散财而施德行善。还要教育孩子遵纪守法，以及如何合理、合法、合乎道德地理财、投资和生财。

如果家里不富裕，可以如实告知孩子家里的经济情况，并告诉他不能只用物质财富来衡量人生的意义，从而开导孩子不要自卑，告诉他自己不比任何人差。

家长要帮助孩子建立自信心，不要为了虚荣心而超前消费、与人攀比，要教育孩子学会开源节流，不要怨天尤人、自怨自艾、自暴自弃，而应努力奋斗，依靠自己的才华和能力获得幸福、富足的生活。

富裕本就是一个相对的概念，家境能决定一时的心态，但是无法决定一世的生活。富裕与否并不重要，重要的是要认清现实，追求梦想，做有价值的事情。

3. "家里没钱买吗？"

【建议】当你的孩子这样发问时，最好不要使用"我们买不起"这类语言，因为孩子可能很快就会发现这并不是真的。为了避免孩子对钱过分看重，我们必须将正确的信息传递给他们：在做决定时，钱只是纳入考虑的因素之一，而不是根本。我们可以说，"这个东西的价格超出预算了""这个玩具不适合你这个年龄的孩子玩"。也不要给孩子太多的压力，不要说"家里没钱，要靠你好好学习赚钱""只要认真学习就行，其他不用你管"。学习是为了拥有更好的未来，而不是为了赚钱，目光要放长远。

不管家庭条件如何，营造一个幸福、和谐的家庭氛围，给孩子一个充满爱心的成长环境才是最重要的。比起金钱，亲人间的互相扶持关爱才是最重要的。

4. "你会失去工作吗？"

【建议】新冠肺炎疫情让全球经济都受到了不小的影响，经济形势不好的消息时有所闻，孩子可能会从各种渠道听到有关失业的话题。如果我们有信心，就应该告诉孩子"我们不会失业"，让他感到生活是安全的。如果自己可能有失业的困扰，也可以正面回答，遮遮掩掩只会使孩子更担心。

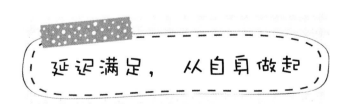

延迟满足，从自身做起

有的时候，很多家长会因为孩子想要什么就必须要到手，不给就不行，不给就要赖的行为苦恼不堪。那么我们究竟如何延迟满足孩子呢？

首先，对于孩子提出的要求表示接纳。

因为只有先接纳孩子的要求，才有机会为孩子提供教育。很多家长因为对孩子要求的抗议和排斥，最后彼此情绪爆发和失控，其实得不偿失。

接着，跟随孩子去到他想要购买的物品所在的区域。

只有在这样的情景中孩子才能感受到父母的诚意，而不是推脱说下次再买而引起孩子的不信任。要知道，如果没有建立良好的亲子关系，就没有环境和机会对孩子进行引导和教育。

再看清楚孩子想要物品的价格，然后对价格的零头部分有所保留。

什么意思呢？就是如果这件东西值118元，那父母就说自己只有100元的预算。如果东西是250元，那父母就说只有200元的预算。那么超出的部分怎么办呢？要学会引导孩子理解生活中存在"有钱不够用"的时候，然后和孩子一起商量讨论解决问题的办法。比如，货比三家，看看别家有没有打折促销，或者下个月再买。

父母不妨借此机会跟孩子普及生活常识和概念。可以问孩子：你知道爸爸妈妈为什么上班吗？因为上班可以获得报酬来满足全家日常生活之需。通过这种方式让孩子知道自己是家庭中的一个成员，而不是一个只需要被保护的小孩。还可以为孩子讲解父母对家庭收入的规划。如果今天这个东西超出了一点预算，但确实是孩子需要的，就可以把这个东西挪到下个月再买。

最后，跟孩子达成后期购买的协议。在孩子基本了解情况后，给孩子一个购买的时间。这种处理方法，不仅可以让孩子有一种被尊重、被信任的感觉，还可以培养孩子作为家庭一分子的责任感。

正确理解工作的意义

107

1. 工作，不只是为了挣钱

很多家长常常被孩子追问为什么要去上班。这个司空见惯的问题，是家长培养孩子正确金钱观的一个重要入口。

除了回答"爸爸妈妈上班才能有收入，才能支付家里的开销"之外，还可以怎样引导孩子呢？

笔者曾读过关于一位清洁工妈妈的故事。

这位妈妈早上四点半出门，傍晚才能回家。她四岁的儿子不希望妈妈这么早出门，于是问道："妈妈，你为什么要那么早出门工作啊？"

妈妈回答说："你是不是每天上幼儿园都要走过那条马路？

如果马路很脏，都是垃圾，你会开心吗？"孩子摇摇头。

妈妈继续说："所以啊，妈妈要早一点出门，把马路清扫干净。这样，每个人都能开开心心地上班、上学啦。"

这位妈妈巧妙的回答，让孩子认识到工作不只是为了挣钱，也是为了被尊重、被需要。

2. 学习是辛苦的，工作也是辛苦的

家长可以和孩子适度分享工作的辛苦。比如，孩子感到学习辛苦想要放弃的时候，家长不妨告诉孩子："我知道你学习苦，爸妈的工作也不轻松，但是你要在该努力的年龄里不遗余力，长大之后才能有更多的选择。"

龙应台的《亲爱的安德烈》里有这样一段话："孩子，我要求你读书用功，不是因为我要你跟别人比成绩，而是因为，我希望你将来会拥有选择的权利，选择有意义、有时间的工作，而不是被迫谋生。"

3. 工作带来的快乐与意义

家长们肯定都被孩子问到过这样的问题："爸爸妈妈你们为什么要去上班呢？"有的家长可能会说："爸爸妈妈去上班是为了养活你啊。爸爸妈妈也不想上班，可是不上班就没钱赚啊。"这只是家长半真半假的玩笑话，但就是这随口的一句话，可能会对孩子产生深远的影响。

首先，孩子会直观地认为上班就是一种获取金钱的手段。

虽然有这种想法无可厚非，但是把钱作为目标不利于孩子对自己的未来进行规划和思考。因此在选取专业的时候会因为从众心理选错专业，或毕业找工作时做了自己不喜欢做的工作。家长应该引导孩子思考未来的职业方向，帮助孩子在未来的职场道路上走得开心和长久。

其次，父母对工作的态度，也会对孩子产生影响。孩子会以父母为标准来对待自己的生活、工作和学习。如果父母对待工作是一种无所谓的态度，那么孩子就会认为既然读书是为了找个工作，而工作又是那么没有意义，那么就没有必要努力读书。

最后，父母应该言传身教，给孩子树立正确的工作观念。比如，让孩子理解上班的意义并不只是为了赚钱，而是通过努力来实现个人价值。家长可以有意识地表达自己对工作的热爱，告诉孩子自己非常爱这份工作，因为它可以帮助到其他人，还能学到知识，给自己带来成就感，以此传达出工作的核心价值——热爱和实现自我价值。

109

4. 每个人都在享受别人的工作成果

在生活中，家长带孩子外出时，可以告诉孩子："你看到的这幢大厦是建筑工人盖起来的，这袋大米是农民伯伯种出来的。每个人都离不开别人的劳动成果，大家需要互相交换劳动成果。"

每个人的工作都是平等的，只是分工不同，没有高低贵贱。例如，清洁工是马路的天使，因为他们的辛勤付出，街道才变得干净整洁。他们每个人背后都有一个家庭，他们通过辛勤劳动，合法获得收入，承担着对家庭的责任，是值得尊敬的。

1. 职业只有分工不同，没有高低贵贱之分

每一个职业对国家和社会的发展都至关重要，就像一辆汽车，如果缺少任何一个零件，就不完整。

职业没有高低贵贱之分。每一个靠自己双手奋斗的人都是光荣的人。

世间的任何职业只要存在就有其价值及道理，因此每一个职业从本质上来说都是平等的。假如少了某个职业，社会发展可能会因此受创。

2. 行行出状元，处处有能人

不论干哪一行，只有热爱本职工作，善于创新，善于思考，才能取得优异的成绩。

笔者曾看过一则有趣的小新闻：在某个城市的街头，有一对摆面摊的夫妻，他们每天的营业时间很短，但是生意兴隆。那么这对夫妻有什么经营秘诀呢？

这个面摊不大，紧靠一面墙。面摊旁边只有三张可折叠的小桌子，而轻便的圆椅子却有很多。麻雀虽小，五脏俱全。

面摊卖的东西并不多，只有两三种面食。小面摊除了夫妻俩，还有一名帮忙的伙计。

老板煮面的场地并不大，但食材、调料、炊具等都摆放得很顺手。盛面的碗整齐地堆放在灶边，以便面出锅时能快速使用。这些细节提高了老板的工作效率。

这个面摊的许多特色，在别的地方是无法看到的，这也更加显示出面摊老板的逆向思维。譬如，他卖的面式样简单（化繁为简），价廉物美（物超所值）；煮面的速度快（高效率）；站着吃面的人要比坐着吃面的人多（不占空间）；来吃面的客人什么样的都有，以计程车司机为多（口味大众化）。

老板在工作的时候非常认真、专心。他的工作台面不大，但因善用空间且工作效率高，能够在很短的时间内让每一位客人享用到热腾腾的面食。因此，不必久等、物美价廉，也是面摊客源广增的原因。

这个面摊仅用一日之中的几个小时，却获取了时间与经济上最大的效益和产值。为了达到此目标，面摊的老板必须做一些需求与满足上的调整及突破，其所运用的方法具有许多逆向思维观念，如事前的规划、化繁为简、讲究效率等，所以他的面摊才经营得如此成功。

现在我们试着分析分析他成功的原因。

一是简化餐点种类。老板把自己的面摊定位为中式快餐站，以减少备菜的工作量及客人点菜与计价的麻烦。这不仅使每一位客户的用餐时间大大缩短，还在无形中提高了营业收入与客人流量，有效提升了时间的产值。

二是突破了场地的限制。老板不增添桌子，而改用便携的圆形椅子，目的是让客人把椅子当成小桌子来用，站着吃面不占地方。

这个小面摊给我们的启示是：不论大小事情，只要善于创新，多元化地思考，就能向成功迈出一大步。

112

二 培养正确金钱观的
五个经典场景

甜点小故事

113

　　有一次，笔者坐公交车回家，后面坐着一对父子。儿子对爸爸说："幸亏你们没生二胎，不然还得和我争家产。"爸爸听了，哭笑不得，说："我们家可没什么家产给你继承。"儿子认真地说："为什么呢？我们家很穷吗？我同学说，他爸妈能给他两套房子。"爸爸想了一会儿说："儿子，我们家虽然没有大钱，但养你还是绰绰有余的。不过我们家的钱，都是爸爸妈妈辛苦挣来的，并不是你的钱。你要花钱得经过我们的同意。"

　　这位爸爸又加了一句："如果你想拥有属于自己的钱，就得自己去挣。"听了这位父亲的话，真是忍不住为他竖大拇指。

不论他家经济情况如何，他纠正了孩子不劳而获的错误思想。他让孩子知道，想要变得富足，要靠自己的努力，这是值得骄傲的事。

教育家默克尔说："金钱教育是人生的必修课，是儿童教育的重心，就如同金钱是家庭的重心一样。"

教孩子认识金钱，管理金钱，就是教他们打理自己的人生。理清人和金钱的关系，才能让孩子具有获得幸福的能力。

孩子的零花钱怎样给？

国外有很多家长在孩子 3 岁左右会开始给孩子一些零花钱，但我国的实际情况是，孩子上小学前，基本不会独立购买物品。因此，笔者建议家长在孩子上小学一年级时，也就是 7 岁左右，就可以开始给孩子一些零花钱了。可以按天、按周或者按月给。

家长需要认识到：给孩子零花钱，是为了培养孩子的理财能力，以及满足孩子在校内的一些日常消费，而不是为了攀比。攀比会助长孩子的虚荣心。

所以零花钱不能一次性给太多，因为小孩子并没有多高的消费需求，给太多反而会让他花钱没有节制，觉得钱来得太轻松。甚至为了跟同学攀比，购买那些完全不需要的产品，这就和父母的目的背道而驰了。

另外，老人爱给孩子零花钱怎么办？如今，多数家庭的物质条件都比较好，有时老人会认为在其他方面帮不了孩子，加之自身消费需求较少，有能力满足孩子的消费需求是一件令他们开心的事情，甚至是一种乐趣。他们经常因孩子过生日、考试成绩好等，给孩子钱，以示鼓励。也有的长辈想通过给钱的方式拉近与孩子之间的关系。

笔者在这里分享一个小方法。其实，爸爸妈妈可以带着孩子为长辈们做些家务，陪他们聊聊天、读读故事，用这"亲情"来孝敬长辈，丰富老年人的日常生活，并告诉孩子如何表达爱。这样长辈也会明白，对孩子的关心和爱不一定需要用钱来表达，而亲人间的相互陪伴与情感依恋才是更重要的。

115

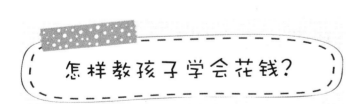

怎样教孩子学会花钱？

第一，教孩子选择物有所值的物品和鉴别物品的好坏真伪。

让孩子养成先认真思考再花钱的习惯，避免盲目消费。如：让孩子判断食品是否卫生；让孩子区别哪些是营养食品，哪些是垃圾食品；有意识地让孩子看一些关于食品类的报道，用真实的事例教育他（她）。

第二，多陪孩子去书店买书或者去看儿童剧、展览等。有意识地引导孩子为精神世界投资和消费。

第三，家长一定要以身作则，从认知到行为都为孩子树立榜样，这样才能带动孩子养成节约的习惯，从而有节制地花钱。不要挥霍浪费，要身体力行地教育孩子珍惜物品，让孩子懂得所吃、所穿、所用来之不易，随意浪费是不珍惜劳动果实、不尊重劳动的表现。此外，家长还可以适度让孩子参加劳动，体会劳动的艰辛。

第四，可以针对家里花钱的具体事项或购物计划和孩子进行讨论。让孩子形成良好的意识，学会高效使用金钱，合理消费，物尽其用。

如何让孩子愿意存钱？

在孩子的重要日子里，爸爸妈妈可以陪孩子一起去挑选他喜欢的存钱罐作为礼物，让孩子更重视自己选择的礼物。

美国著名的教育专家戈弗雷在《钱不是长在树上的》一书中，建议父母给孩子买三个漂亮的储钱罐：第一个罐子里存进用于日常开销的钱；第二个罐子里存进将来某个时期购买较为贵重的物品的钱，比如一辆童车、一件火车模型、送给爸妈的生日礼物等；第三个罐子里的钱则为长期储蓄。当孩子看到储蓄罐里存有数目不少的钱时，他会觉得很惊喜。孩子对用"自己攒的钱"买到的玩具，会比对轻而易举从父母那里要来得更加珍惜，同时还会懂得积少成多的道理。

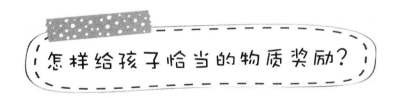

117

我们常常看到，有很多父母为了培养孩子的独立自主性，或者是想让他们知道有付出才会有回报这个道理，都会采取做家务赚取奖励的方式。

这种方式的出发点固然是好的，但是如果忽视了引导，就会让孩子为了赚钱而做家务，而误解了爸爸妈妈的初心，那就本末倒置了。

物质奖励是一柄双刃剑，处理得好就能达到目的，但如果处理不好，反而容易让孩子变得唯利是图，方式方法和尺度的把握十分关键。父母的初衷是希望让孩子体会到劳动的艰辛，继而收获成果，而不是让孩子敷衍地完成家务劳动。

父母可以陪伴在孩子身边，耐心地告诉他们应该怎么做好家务，并且在这个过程中向他们灌输"只有付出，才有回报"的理念。同时让孩子也知道，大家都是家庭中的一员，为家人做力所能及的事是应该的。

还有不少家长喜欢和孩子说："你要好好学习，这次考试得了多少分，就奖励给你多少钱或者给你买一个礼物。""如果你每天坚持按时起床，妈妈就会带你去吃大餐，或者奖励你一个你特别想要的玩具。"

但是时间一长，父母们就会发现这样做是不好的，因为当不再给予奖励时，孩子就会变得动力不足。孩子会觉得，反正我考好考差没有任何的差别，考好了也没有奖励，考差了也没有惩罚，那我干吗要那么努力辛苦地学习？

所以，我们在进行奖励的时候，要特别注意：物质奖励可行，但并不能完全依赖奖励行为。一旦孩子形成了对物质奖励的条件反射，那结果肯定是弊大于利的。想让孩子养成生活、学习的好习惯，最重要的是要引导和启发孩子发现自己的内在自驱力，让他为自己的梦想而学习和奋斗。

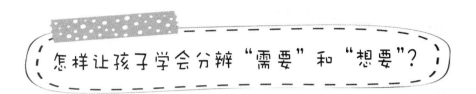

怎样让孩子学会分辨"需要"和"想要"？

　　孩子经常吵着买买买，家长如何培养孩子区分"需要"和"想要"的能力，让他们控制自己的欲望，做到理性消费？财商教育里，很重要的一部分就是让孩子学会区分"需要"和"想要"。

　　"需要"，是指那些你没有就不能活下去或生活质量会受到影响的东西，比如空气、水、食物、衣服等；或者可以理解为缺乏的东西。比如小朋友需要买新衣服，有可能是因为他长个子了，之前的旧衣服穿不下了，这时，买衣服就是需要。

119

　　"想要"，是指那些你想要有，可是没有也能活下去的东西，比如玩具、糖果、宠物、游戏机等。有时候"需要"和"想要"没有严格的界限，有的东西既是自己需要的，又是想要的。

　　孩子上幼儿园之后，往往会模仿同学的行为，比如自己已经有了好几把玩具枪，但看到其他小朋友有最新款的玩具枪，自己就想拥有"同款"。这个时候的"想要"就是一种浪费。

　　家长和小朋友可以来做一个小游戏。

游戏规则如下：

模拟一家人去旅游时登机安检的场景。"安保人员"为了保证飞行安全，让每人只能带 5 样东西。这时就请孩子自己决定从十几样东西中选出 5 样。

同时，家长可以引导孩子："这 5 样东西是你经过反复思考筛选出来的，应当是你特别需要的。"

面对这种必须做出选择的场景，孩子才能真正区分哪些东西是需要的，哪些是想要的。

三 个性化培养孩子的金钱观

美国的石油巨头洛克菲勒，是个很懂得运用金钱的人。有一次，他的公司打算盖间仓库，便请来两名建筑工人。

这两名工人是一对兄弟，哥哥叫约翰，弟弟叫哈佛。仓库盖好后，兄弟俩便到洛克菲勒的办公室领取工资。

洛克菲勒对他们说："赚了钱应该储蓄起来，现款如果到了你们手中，一定很快就会花光，不如把它换成公司的股票，作为你们的投资，如何？"约翰听了，觉得很有道理，当场便答应了。但是哈佛不愿意，坚持要领现款。结果不出洛克菲勒所料，没多久哈佛就把钱花光了；而约翰因为公司股票涨价，赚了不少钱。

启示：善于运用金钱，才能致富。孩子虽然年纪还小，但也应该养成爱惜金钱的习惯，把多余的零用钱储蓄起来，存到银行里，还能得到不少利息呢！

金钱观趣味小测试

◎家长版　你的金钱观是什么颜色？

 122

1. 对于存钱和储蓄，你的观点是：

A. 存钱是件好事，但更重要的是要用手上的钱赚到更多的钱

B. 我经常为一些大的支出做预算并提前存钱

C. 我会提前为自我学习和孩子的教育准备专项资金

D. 我太忙了，根本没时间去考虑存钱的事

E. 我尝试存钱，但新款的球鞋、数码产品等经常会诱惑我

2. 参加一次文案征集比赛获得了 5 万元的奖金，你的第一反应会是：

A. 我会拿去买一些股票或债券，期待可观的收益

B. 我会研究一下相关的投资情况，然后拿去做投资

C. 我会全部存起来

D. 我会先拿出一部分存起来，余下的就用来好好享受生活：吃一顿大餐、来一次旅行、给自己买个礼物等

E. 我可能会到经常去的商场买一件自己心仪已久的物品（比如新款的无人机等）

3. 在核对记账本时，你经常会发现：

A. 支出一栏里有很多条目

B. 我很少核对我的账本，但会关注每个月的总收入与总支出

C. 在核对账本的时候，环保的理念贯穿我的衣食住行

D. 我总是仔细计算收入和支出，朝着拥有更多结余的目标默默努力

123

E. 我总是小心翼翼、反复核对，因为我有点担心其中很多数字有出入

4. 一般你处理不必要支出或计划外花费的方法是：

A. 我会把自己的信用卡额度刷完，这样就可以避免不必要支出了

B. 在储蓄前我一般会留一点现金来应付这样的情况

C. 我会尽量避免必要的支出和计划外的花费，几乎没有出现过这样的情况

D. 如果我突然需要现金周转，我会选择赎回一部分低风险

的理财产品

　　E. 我一直在计划设立一个"浮动基金"，但还没有正式启动

5. 你开始为养老进行储蓄或做其他谋划了吗？

　　A. 什么是养老的钱呢？我还年轻，不用太早考虑

　　B. 我会以每月定存的方式提前储蓄养老的钱

　　C. 为以后养老，我不光会每月存钱，还会保持规律作息和坚持锻炼

　　D. 还没有过多考虑养老方面，主要是过好现在的每一天，我相信年老的时候也会找到赚钱的办法的

　　E. 对于养老我有系统的思考和安排，储蓄、保险等各种方式都有考虑

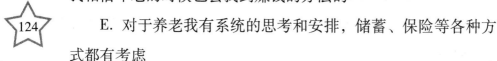

　　如果你的答案超过一半的选项是 A，那你具有红色金钱观的因子；

　　如果你的答案超过一半的选项是 B，那你具有蓝色金钱观的因子；

　　如果你的答案超过一半的选项是 C，那你具有绿色金钱观的因子；

　　如果你的答案超过一半的选项是 D，那你具有紫色金钱观的因子；

　　如果你的答案超过一半的选项是 E，那你具有白色金钱观

的因子。

☆红色金钱观

*红色代表冒险。在进行交易、消费、投资时，红色金钱观强调要有一定的风险意识，首先考虑的是风险，其次才是收益。

比如，一份工作，虽然工资很高，但需要你经常熬夜加班，因此你需要重新评估这份工作的性价比，以及你是否能接受有可能会出现的健康问题。

又如，你准备拿出一部分资金来投资，这时就需要考虑这部分资金是否是暂时不会花的"闲钱"，因为即便投资失误，资金亏损，也不会对生活有太大影响。

*红色也代表紧急、重要。因此红色金钱观也强调为未来的花销做预算。

在我们的生活中，突发状况时有发生，我们一定要结合风险管理的常识，提前为紧急事件留出"资金"，为自己和家庭规划一些必要的抗风险类的储蓄或保险类的消费。

☆蓝色金钱观

*蓝色代表包容、平和。在进行交易、消费、投资时，蓝色金钱观强调为重要但不紧急的事件进行总体的金钱预算。

我们都知道，重要但不紧急的事件，恰恰是需要进行提前规划的。

比如，要有意识地制订合理的理财计划，重视定期储蓄的意义。如今，虽然有很多提前消费的方式，如使用信用卡等，但对于生活中的大项支出，如孩子的教育、买房、买车等，还是需要从点滴积累。

☆绿色金钱观

*绿色代表可持续。在进行交易、消费、投资时，绿色金钱观强调可持续地对重要但不紧急的事项进行长远的金钱规划。

绿色金钱观强调对金钱投资和消费的可持续性规划。如，对于家庭而言，孩子的教育资金的规划；对于个人而言，可以理解为自我终身学习资金的规划等。

*绿色代表环保，也寓意我们的消费行为应以不破坏大自然的生态环境为前提。

☆紫色金钱观

*紫色代表精神层面的追求。在当前物质生活相对丰富的年代，精神生活属于"重要且紧急"的事项。在进行交易、消费、投资时，紫色金钱观强调为重要且紧急的事项进行金钱规划。

比如，对孩子各学段的各类教育的资金投入等。

*紫色代表浪漫。可以理解为适度地为生活中的"仪式感"买单。它既能调剂我们的生活和心情，又有助于体验幸福感，让我们享受健康赚钱、理财的快乐。

☆白色金钱观

*白色代表自由，可变。在进行交易、消费、投资时，白色金钱观强调能带来延迟满足感的金钱管理方案。白色金钱观也可以理解为"悦己"金钱观，通过管理金钱，让你的生活更

有趣。

比如，你通过努力工作存了一笔钱，当生活中有特别不顺心的事情发生时，就可以启动这笔"悦己"资金，去继续学习深造或旅行。

白色金钱观主张延迟满足，这样才有机会在今后的某一个时刻，适度自由地为取悦自己而进行一些消费。

◎孩子版 了解你家孩子的财商潜力

1. 你吃零食吗？（自控力）

A. 吃，特别喜欢吃零食（得 1 分）

B. 妈妈规定我吃多少，我就吃多少（得 2 分）

C. 偶尔吃，吃得不多（得 5 分）

127

D. 基本不吃（得 6 分）

2. 如果你想买新玩具，你愿意选择哪种方式去获得呢？（独立性）

A. 帮父母做家务（得 5 分）

B. 保证爱惜旧玩具，不喜新厌旧（得 2 分）

C. 直接问爸爸妈妈要（得 1 分）

D. 把旧玩具转卖，再买新玩具（得 6 分）

3. 如果爸爸妈妈答应你养一只小狗，但早上小狗要出门散步，你会怎么做？（责任感）

A. 我会和爸爸妈妈一起带小狗散步（得 5 分）

B. 我会坚持每天早起带小狗散步（得 6 分）

C. 让爸爸妈妈带小狗散步（得 1 分）

D. 我想带小狗散步，但是我早上起不来（得 2 分）

4. 你会在什么时间看书呢？（时间规划能力）

A. 我不喜欢看书（得 1 分）

B. 想什么时候看就什么时候看（得 5 分）

C. 我喜欢边吃东西边看书（得 2 分）

D. 每天都会在固定时间看书（得 6 分）

5. 心爱的玩具被你弄坏了，怎么办？（抗压力）

A. 不告诉妈妈（得 2 分）

B. 让妈妈再给我买一个（得 1 分）

C. 告诉妈妈，请求原谅（得 5 分）

D. 自己花零用钱把它修好（得 6 分）

6. 有个叔叔送你一套玩具，但是你已经有一套一模一样的了，你会怎么办？（买卖意识）

A. 放在家里自己玩（得 1 分）

B. 送给别人（得 4 分）

C. 把它卖出去（得 6 分）

D. 跟别人换自己没有的玩具（得 5 分）

7. 你认为以下哪个物品价格最高？（商品价格）

A. 一个鸡蛋（得 1 分）

B. 一个手机（得 6 分）

C. 一个生日蛋糕（得 4 分）

D. 一个面包（得 3 分）

8. 如果你去公园玩，身高 1 米以上的小朋友需要购票，而你已经超过了这个标准。那你会不会要求爸爸妈妈买票呢？（信用）

　　A. 一定要买票（得 6 分）

　　B. 假装没到 1 米就不用买啦（得 1 分）

　　C. 我不知道要不要买票（得 3 分）

　　D. 公园的工作人员让我买我再买（得 2 分）

上面的测试题做完之后，一起看看下面的结果分析吧！

得分：8~20 分

孩子暂时还没有太多的金钱观念和消费意识。不清楚钱是如何而来的，也不知道钱的价值。父母们可以开始注重对孩子的金钱观和价值观进行培养。

129

得分：21~35 分

孩子已经有了初步的理财观，能认识到金钱在家庭中的地位。但是可能由于过去父母没有注重对孩子金钱观的培养，所以孩子还缺乏理财的实践。父母可以多给孩子创造一些机会，不要因为孩子太小而错过了培养孩子正确金钱观的好时机。

得分：36~48 分

孩子具有一定高财商的潜力。财商教育在于教会孩子怎样用有限的资源去获得最大的幸福感。要培养高财商的孩子，就要让他的内心充满爱，有责任感和善于规划。

编者声明：

《树立正确的金钱观》自 2011 年出版以来，受到很多中小学老师和家长的青睐。本书在《树立正确的金钱观》的基础上进行了大幅度的内容调整。为了进一步将金钱观教育与思政教育、品格教育相融合，本书选编了大量名人的金钱观故事。这些故事散落和出现在各大网站中，暂时无法查到确切来源。在此，我们恳请这些故事的作者予以谅解和指正，并及时联系我们，我们将立刻进行补充说明。

我们的联系方式为：258699722@ qq.com。